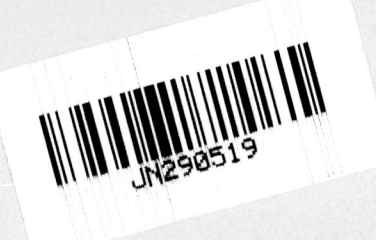

これだけ
身につければ、
勝率アップ
間違いなし!?

FX
FOREIGN EXCHANGE
チャート「儲け」の方程式

経済アナリスト FXストラテジスト
田嶋智太郎 Tomotaro Tajima

アルケミックス

contents 目次 Foreign Exchange

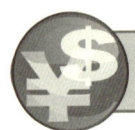

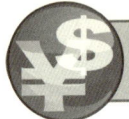

第2章 トレンド分析からはじめよう！

第3章 トレンド分析を応用しよう！

第4章 トレンド分析を補完する方法

カバーデザイン
冨澤 崇（EBranch）

FX

プロローグ

Foreign Exchange

00

テクニカル分析の結果に「忠実」なFX相場

いわゆる「兜町」の出身であり、長らく自身で株式投資を嗜んできた筆者が、ここ数年はもっぱらＦＸ（外貨証拠金取引）を嗜み、楽しんでいる。

仕事の中身も、かつては企業の経営コンサルや家計診断、そして株式投資に関わるものが主であったが、最近はＦＸや国際商品に関わるものが多い。それは、おそらく時代の必然（＝必要に迫られた結果）なのであろうと思っている。

つまり、今後は外国為替相場の大きな変動（ことに強烈な円安局面の到来）や国際商品価格の高騰＆高止まり（資源インフレ時代の到来）に備える術を研究しておかねばなるまい……、と筆者が動物的に感じているということだ。

ＦＸの魅力を挙げればキリがない。

少々次元の低いことを言うようだが、その魅力の１つに挙げられるのは、最近のはやり言葉にもなっている「品格」、あるいは「インテリジェンス」の高さを感じるから……。それは外国為替マーケットの最大の特徴の１つである「懐の深さ」からきているのであろう。

ざっくばらんに言えば、筆者が長らく付き合ってきた株式投資というのは、実に「泥臭い」。よく言えば「人間臭い」部分もあり、決して嫌いではないのだが……、いつも「居酒屋で焼き鳥」を肴に杯を傾けていると、やはり「フレンチに赤ワイン」もいいと思う。

そう、筆者に言わせれば、ＦＸは「フレンチに赤ワイン」のようなものなのかもしれない。

かつて、外資系銀行や国内大手銀行のトレーダーやディーラー、一流商社マンや世界のオイル・メジャーの独壇場であった外国為替マーケットで、彼らと対等な気分で取引できることの興奮は、かつて居酒屋でクダを巻くことが常だった自分にとって縁遠かった状況＝フレンチレストランで赤ワインを喉に流し込む興奮と似ているような気がする。

もちろん、ちょっとしたフレンチレストランで１本＝数万円のワインを楽しむには、まず身なりからしてきちんと整えたうえで出掛けなければならない。いわゆるテーブル・マナーもわきまえておくべきであろう。

言い換えれば、以前から外国為替マーケットで活躍していたプレーヤーたちとほぼ対等に向き合い、場合によって彼らを打ち負かすためには、それなりの知識や情報、分析力、判断力などが求められるということでもある。

そこで、ハーバードや東大などを卒業したプレーヤーたちとほぼ同等の知識や情報、分析力、判断力などを身に付けようと懸命に努力する。日本はもちろん、世界の主要国の経済指標や異なる二国間の関係、各国の国家元首や中央銀行トップの経歴、彼らの重要な発言や声明などにも、労を惜しまず耳目を傾け、丹念に分析する。

ときに、自分はＥＣＢ総裁やＦＲＢ議長よりも、ずっと上手に金融政策を遂行できるのではないかと勘違いしたりもするのだが……、そこには自ずと限界というものがある。

やはり……“彼ら”には生まれながらにして勝てないのではないだろうか。ひいては、外国為替取引で勝ち名乗りを上げるなんて、到底不可能なのではないかと考えてしまう……。

しかし、実は「決して諦める必要などない」のである。

過去（歴史上）の賢人は、筆者のような“凡人”にもハーバードや東大などを出た「プロ中のプロ」とほぼ同じ程度の精度を伴う分析、判断が手軽にできるような便利な“ツール”を遺してくれている。それが、まさにテクニカル分析の手法である。

周知の通り、テクニカル分析というのは、多くの市場参加者の市場分析とそれに基づく投資判断、その結果を体系化したものだ。そこから導き出される「法則」を活用して成功する（＝投資成果を手中に収める）ためには、本来、そのマーケット自体の「懐が深い」ほどよく、皮肉なことに「その市場に参加する人々のインテリジェンスが高い」ほどよいのである。

なお、ここで言うインテリジェンスが高い人々というのは、比較的「経済合理性にかなう」と思われることを重視する傾向が強い人々を指すといえようか。

そうした意味でいうと、外国為替市場の行方を展望するためにテクニカル分析の手法を用いることは、個別銘柄の株価の行方を展望する場合より、ずっと有効性が高いものと言い切ってもいいものと思われる。事実、**外国為替相場の価格変動が極めてテクニカル分析の結果に忠実**であるということは、長い歴史のなかでしっかりと証明されているのだ。

それは、繰り返しになるが、株式マーケットと外国為替マーケットでは、その「懐の深さ」が遥かに異なるし、それぞれの投資主体（＝市場参加者の属性）も大いに異なるからであろう。

つまり、テクニカル分析を有効活用すれば、筆者のように凡庸な投資家でも、いわゆる「プロ」といわれる連中と十分互角に戦うことができるのである。

実際、筆者の勝率の高さは一部に知られるところとなっており、その軌跡は、筆者が過去にデイリーで更新してきたブログ、コラムなどでも嘘偽りなく証明している。

誤解のないように言っておくが、いかにテクニカル分析の手法を駆使しようとも、相場に「負ける」ことはある。また、昔からよく言われるように「頭と尻尾」はくれてやらざるを得ない。むしろ、それは「宿命」と言ってもいいだろう。

ただ、以前よりも勝率がアップすることだけは間違いない。５勝５敗が当たり前の外国為替取引で、それを７勝３敗、８勝２敗にすることは十分に可能だ。さらに言うと、仮に５勝５敗でもトータルで見れば立派な利益を勝ち取ることができる。

本書では、そんなテクニカル分析の「ツボ」をいくつかのパターンとして紹介している。そんな本書を手にとって、少しずつでも実戦に活かしていただければ、このところ筆者がＦＸに執着していることの理由をきっと共感していただけることであろう。そして、必ずや実際の投資成果に結びつけていただけることであろう。

2008年４月吉日

経済アナリスト
ＦＸストラテジスト　田嶋 智太郎

FX

第1章

Foreign Exchange

テクニカルはものがたる

01 サイクルという時間軸＝「横軸」に注目

ドル／円の「5年サイクル」と出会う

筆者がＦＸという取引手法と本格的に向き合ったのは、2003年の夏頃のことである。

とある商品取引会社が「ＦＸ事業部」を創設し、その事業部が公開しているWＥＢサイト上のウィークリー・コラムのページに連載をしないか、と大先輩を通じて紹介されたのがきっかけだ。

もちろん、株式のファンダメンタルズ＆テクニカル分析については、それまでにも長らく手掛けていたが、外国為替となると少々ワケが違う……。特にテクニカル分析においては、**主に使用する移動平均線の種類からして株式と外国為替では全然違う**のだ（後に詳述したい）。

当時の正直な印象は「外国為替か〜。とにかく『基本的なトレンドは当分の間、円高・ドル安』とでも書いておけば間違いはないだろう」といった程度の認識であった。実際、当時のドル／円は、02年１月の高値＝135.14円をトップとして基本的に下落トレンドが続いていた（以降、このトレンドは05年１月まで続くこととなる）。

その頃、いろいろ調べているうちに、筆者は「ドル／円には５年

チャート❶—❶
05年1月、ドル／円相場は明確に基調転換した！

｜ドル／円｜週足｜2001.12～2007.10

チャート提供：ドリームバイザー･ドット･コム

（安値）サイクルが認められる」との見解を目にすることとなった。

５年ごとに安値を付けるということは、５年かけて上昇し下落するということで、実際に1995年から2000年の間に１つのサイクルを形成していることも確認できた。

そのサイクルにのっとって考えれば、2000年の初頭からスタートした５年サイクルは、05年の１～２月にも終了する（＝ドル／円は底入れする）ということになるはずだ。

その後、筆者は何かにとり憑かれたかのように「05年１～２月ぐらいまでは円高が続くが、その後は反転する可能性が高い」「よって今回のドル／円の安値は、99年11月の101.22円を割り込まないだろう」とコラムの中で指摘し続けた。

結果は「その通り」となり、05年１月17日の101.67円をもってそれまでの円高・ドル安トレンドはピリオドを打った。そして、同日の安値から、新たな円安・ドル高トレンドが明確にスタートしたことは既知の事実である（チャート❶—❶参照）。

●テクニカルはファンダメンタルズに勝る！？

思い起こせば……04年の秋以降、一気に進んだ円高・ドル安局面においては、とかく「米国の双子の赤字」がドル売りの材料として声高に叫び続けられていた。ならば、その問題は05年１月以降、一気に解決したのか？　もちろん、そのような事実はなく、むしろ「双子の赤字」は一段と拡大していた。

06年には米国の貿易赤字は過去最大規模に達した（図❶参照）わけだが、この頃になると、今度は「世界からの資本流入によって赤字を穴埋めするために米国はドル高政策を実施する」との理由でドルが買われることとなった。

つまり、「米国の双子の赤字」というファンダメンタルズ的な要素は、ときに「ドル売り」の材料となり、ときに「ドル買い」の材料となるのである。

図❶
膨らむ双子の赤字が最大の売り材料だったはずが…

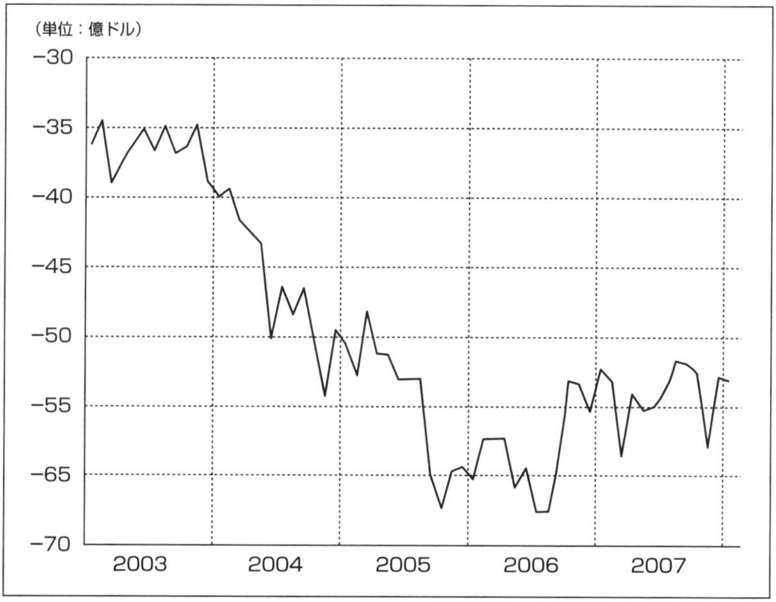

■米国の貿易収支（含むサービス）の推移（月次／季節調整済み）

ちなみに、米ＦＲＢが金融引き締めに傾いたのは04年６月のことであり、当時の日本では依然としてゼロ金利＆量的金融緩和政策が続いていた。仮に、そこで日米の金利差（拡大）というファンダメンタルズ的な要素が重要視されていたならば、もっと早い段階で円高・ドル安局面は終息していたはずだ。

さらに言うと、米ＦＲＢが金融引き締めに傾きはじめた頃の米消費者物価（食品、エネルギーを除く）は、前年比年率で１％を超える伸びを示していた。これは、当局が利上げに踏み切るずっと以前から米国経済の回復傾向は鮮明になっていたことを意味する。その意味でも、当時の円高・ドル安局面はもっと早い時期に終息していておかしくなかったはずである。にもかかわらず、02年1月から始まった円高・ドル安トレンドは、99年の年末からスタートした「5年サイクル」の終点＝05年1月まで"ちゃんと"継続したのである。

つまり、これは**「サイクル」というテクニカル的な要素のほうが、「双子の赤字」や「金利差」などといったファンダメンタルズ的な要素に勝る**ことを意味する。筆者は当時、そのことを思い知った。

●干支と九星の組み合わせ～36年周期

2007年6月半ば、ドル／円は同年1月の高値＝122.18円を明確に上抜ける力強い動きとなっていた。思えば……「あの日」＝05年1月17日から、早いもので2年半余りの時が経過。つまり、5年の半分以上が経過したことになる。

5年サイクルの考え方に基づけば、そろそろ「基調転換のときを迎えてもいいタイミング」と考えることができるわけだ。

筆者は、07年という年が始まった時点から「今年のどこかでドル／円の上昇トレンドは終了する」と考えていた（もちろん、市場関係者のなかにも同様に展望する向きは少なくなかった）。

その最大の根拠は5年サイクルの考え方なのだが、実は他にも気になる点がいくつかあったことは付記しておかねばなるまい。

余談になるかもしれないが……07年という年は、干支でいえば「亥」の年。また、古代中国から伝わる民間信仰である「九星」でいうと「二黒土星《じこくどせい》」の年回りとなる。

当たり前の話だが、12年に一度巡ってくる「亥年」と９年に一度巡ってくる「二黒土星」の組み合わせが一致するのは36年に一度のことである。このように**「36年周期の同じ組み合わせで、異なる２つの年の相場展開はよく似たものになることが多い」**というのは、テクニカル分析を重視する市場参加者の間では有名な話だ。

07年の36年前といえば1971年であり、この年は言わずと知れたニクソンショックの年。その年、ニクソン大統領がドルと金の交換停止を宣言したのは８月15日である。

ちなみに、８月15日という日が対日戦勝記念日の翌日（日本では終戦記念日）であることと、ニクソンが「この日」を選んだことには、それなりの意味があるといわれている。なにしろ、当時の日本は終戦直後とは見違えるような経済発展を遂げていたのである。

それ以上は皆まで言うまい……。とにもかくにも、このことを契機として、その後、長らく続く円高・ドル安の歴史はスタートした。

とまれ、筆者は少なくとも07年の８月半ば＝「ニクソンショックから36年」というタイミングを07年の年初から強く意識していた（このことは、あくまで１つのエピソードとして07年の年初から講演会、セミナーなどでも広く披露していた）。

だから……いまとなっては、いわゆる「8・16ショック」なるものを目の当たりにしたことに、なんとも言えない思いがある。あくまで偶然とはいえ、まさか07年８月16日にサブプライム問題を発端とする金融収縮に絡むドルの急落を目の当たりにしようとは……。

テクニカル分析の世界では、このように一般の人ならちょっと首を傾げてしまう（？）ような、多分に迷信めいた、アノマリー的な考え方というのが様々な場面で判断材料の１つとされることがある。

なかには「満月のときには○○が売られる傾向にある」といった見方もあり、その“世界”に馴染むまでは違和感を覚えるような事柄も少なくないが……それが少なからず市場関係者のマインド・セットに影響を与えることを考えると、決して馬鹿にはできないことも事実だ。

●サイクル理論と相性の良い金融占星術

「テクニカルアナリスト」といわれる人々が普段持ち歩いているカバンの中には、アストロロジー（西洋占星術）に関わる書物やデータが詰め込まれているケースが少なくない。

アストロロジーとは、天体の動きや位置を確認し、その位置を過去のデータのパターンと照らし合わせて未来予想などに応用するもので、言ってみれば「統計学の一種」である。

このアストロロジーは、その性格上、高値や安値が一定期間で循環するという考え方である市場価格の「サイクル理論」と相性が良い。たとえば、前述した「満月のときには○○が売られる傾向にある」というのもその１つで、過去には実際、満月のときにドル／円が売り叩かれ、そして基調転換したケースも少なからずある（チャート❶―❷参照）。要するに、統計学的にいえば、「その傾向が強い」ということ

チャート❶—❷
「満月の日」は売られやすいのか？

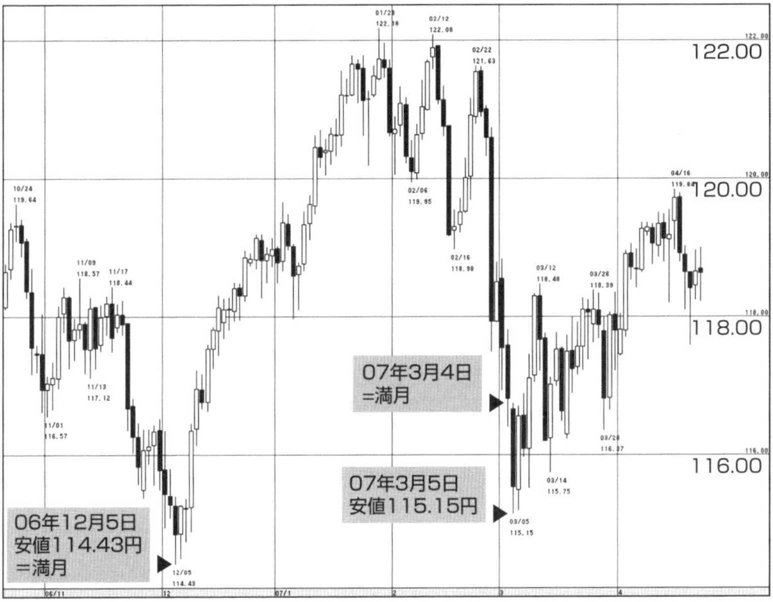

｜ドル／円｜日足｜2006.10〜2007.04

チャート提供：ドリームバイザー・ドット・コム

なのだ。

古くから、相場展望にアストロロジーを応用し、大成功を収めた偉人は数多く存在する。

伝説の相場師、ウィリアム・D・ギャンもその一人で、いまもなお語り伝えられる「ギャン理論」はパターン・価格・時間の概念を根幹としている。この3つの要素を理論化するためにギャンは、自然のサイクルとアストロロジーの理論を応用。月・太陽・惑星の運行（＝位置関係の変化）が市場に強気相場と弱気相場を起こすという「金融占星術（＝ファイナンシャル・アストロロジー）」の概念を確立した。

現在でも、金融占星術の考え方は少なからず投資家の間で強く支持されており、その道の第一人者といわれる専門家のセミナーなどは人気が高い。興味があれば、関連のサイトなどを訪れてみたり、少し根を詰めて研究したりするといいだろう。

●もう1つのドル／円サイクル＝「8年高値サイクル」

話は戻って……、07年の年初のことである。

前年（06年）12月に114円台の安値を付けて以来、ドル／円は急激な出直り基調にあった。１月半ばには一気に120円を超え、１月29日には122.18円の高値を付けるに至る。

その後、120円を挟んだもみ合いがしばらく続き……２月下旬に訪れたのが、３月初旬にかけてのいわゆる「チャイナ・ショック（＝世界同時株安）」であった。その時点では「少し早いが、もう５年サイクルのピークが訪れたのかな……」と考えもした。

しかし、意外にも、ドル／円は３月５日の115.15円を底値として明確に切り返すこととなる。つまり、06年12月５日安値＝114.43円を下抜けることはなかったのだ。

「おや？　07年１月29日の高値は５年サイクルのピークではなかったのかな？」などと思っているうちに、ドル／円は比較的長めの上昇チャネルに入り、ついに６月22日には124.12円という高値を付けに行くこととなった。要するに、07年１月の高値は５年サイクルのピ

チャート1—3
ドル／円の「8年高値サイクル」

｜ドル／円｜月足｜1982.01〜2008.03

チャート提供：オクトキュービック

※誌面の都合上、白黒反転加工を施しており、オクトキュービック社提供のチャートとはイメージが異なります。

ークではなかったのだ。

実は、ここでもう1つのドル／円サイクルについて検証することが必要となる。それは「8年高値サイクル」という考え方で、**過去のドル／円の高値は8年ごとに示現している**というものだ。

実際、過去の高値は82年10月＝278.50円、90年4月＝160.35円、98年8月＝147.66円と、およそ8年ごとに示現していることが、チャート1—3を見ても分かる。

前回の高値が98年８月なのだから、次の高値は06年の８月前後に示現するはず……おやっ？　その時はすでに過ぎているではないか。

「どういうことなのか？」と思い、あらためて８年サイクルについて調べてみると……「８年高値サイクルの許容範囲は８年＋16カ月」がセオリーとあるではないか……。つまり、最も遅くて98年８月から９年４カ月後＝07年12月までには示現するということだった。

ここで、チャート❶—❹を見ていただきたい。このチャートから考えられることは、少なくとも以下の４つ。

①前回の「８年高値サイクル」の高値は98年８月であり、次の高値は07年12月までに示現する可能性が高い。

②５年サイクルの観点からすると、今回の５年サイクルはスタート（05年１月）からすでに２年半余りが経過しており、そろそろ基調転換してもいいタイミングを迎える。

③98年８月の高値以降、これまでに付けた安値（99年11月＝101.25円）までの下落幅の50％（半値）戻し＝124.46円〔101.25円＋(147.66円－101.25円)÷２〕という重大なフシ目を、07年６月高値＝124.12円は上回ることができなかった。

④07年８月17日の安値＝111.57円は、07年３月の安値＝115.15円、06年12月の安値＝114.43円をも一気に下抜けた。

チャート1—4
95年以降の相場に見られた「8年高値サイクル」

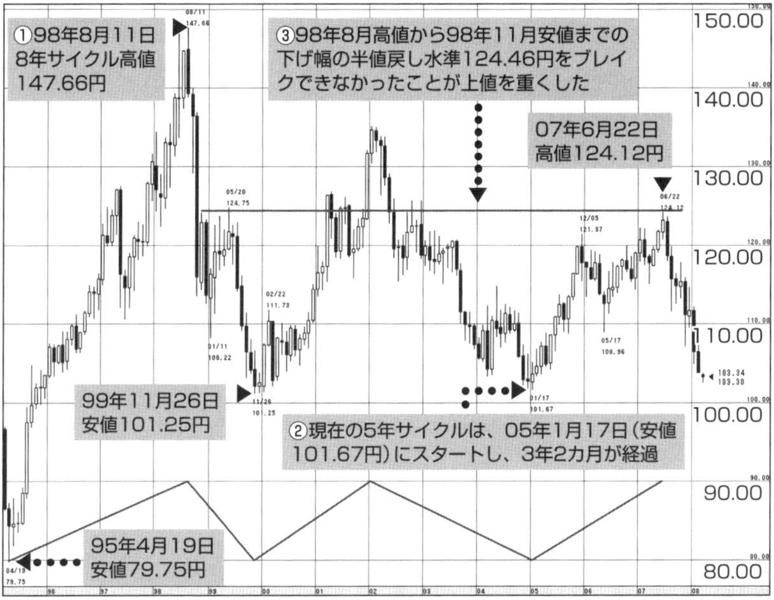

｜ドル／円｜月足｜1995.04〜2008.03

チャート提供：ドリームバイザー・ドット・コム

以上のことを勘案すると、どうやら07年６月22日に付けた高値＝124.12円は「８年高値サイクル」の高値にあたり、なおかつ「５年サイクル」のピークでもあった（＝円高トレンドに転じた）と考えることができるのではないか……。

また、仮に「５年サイクル」が今回も“通用”するならば、今回の円高トレンドが終了するのは、2010年の１～２月頃ということになるのだが、果たして……。

●ドル／円の81～83週（高値）サイクル

ここまでは主に長期的な視座に立って、いくつかのサイクル・周期などを参考とするドル／円相場の１つの見方を検証してみた。

あらためて振り返っておくと……ドル／円の07年６月22日高値というのは、「５年サイクル」の考え方、ならびに「８年高値サイクル」の考え方に基づいて見るに、「05年１月からスタートしたドル高・円安トレンドのピークだった（＝今後、数年は基本的にドル安・円高トレンドになる）のではないか」という１つの仮説だ。

このことをもう少し中期的な視座に立って再検証してみよう。

チャート❶—❺は、04年の年初あたりから07年10月あたりまでのドル／円の週足チャートである。

まず、**中期的な観点からドル／円相場を振り返ると、そこには「おおよそ81～83週ごとに高値を付ける」という１つのサイクルが確認**されている。実際、04年５月14日高値＝114.87円から05年12月５日高値＝121.37円までの経過期間は83週（チャート❶—❺中ⓐ）であった。このことから、次の高値は07年６月の半ばから月末あたりまでにかけて示現するという予測が浮上する。

結果的に、次の高値が示現したのは05年12月５日に高値を付けてから「81週」が経過した07年６月22日。その後、下落に転じたことから、当面は基本的にドル安・円高基調が続くものと考えることができるようになり、ひいては「６月22日の高値が５年サイクル、およ

チャート❶—❺
81～83週（高値）サイクルを見事に示現した！

｜ドル／円｜週足｜2003.12～2007.12

チャート提供：ドリームバイザー・ドット・コム

び８年高値サイクルの考え方に基づく高値であった可能性が高い」という見方に対して信憑性も増すこととなる。

●ドル／円の８～９カ月（安値）サイクル

さらに、過去のドル／円相場には、より短期的な循環として「８～

チャート❶—❻
「8〜9カ月サイクル」で目先の転換点を予測する

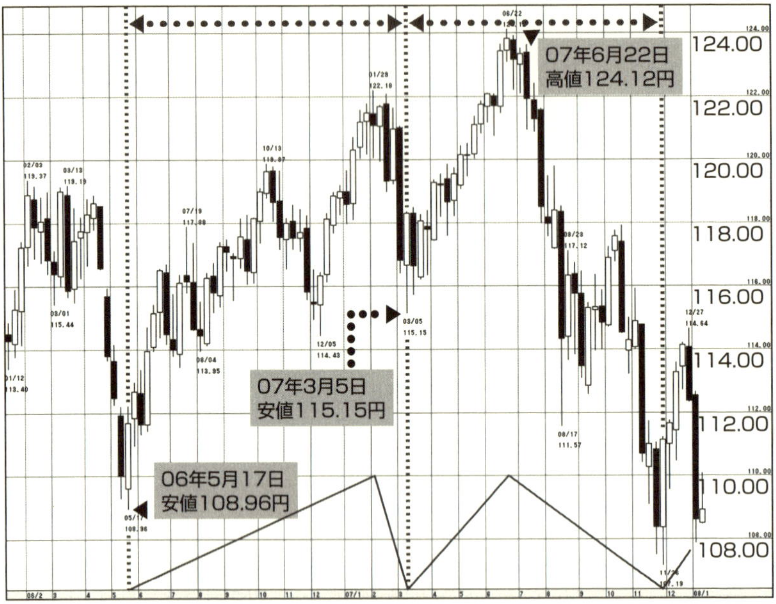

｜ドル／円｜週足｜2006.01〜2008.01

チャート提供：ドリームバイザー・ドット・コム

9カ月（安値）サイクル」というものも確認されている（チャート❶—❺中のⓑ)。

07年6月22日高値＝124.12円が、いわゆる「チャイナショック」発生時の07年3月5日安値＝115.15円を起点とする「8〜9カ月サイクルの高値」であると仮定すれば、次に安値を付けるのは07年11〜12月と見ることができる。

つまり、07年６月22日の高値到達以降、同年11～12月ぐらいまでは安値サイクル（＝下落基調）が続くという予測が、ここで浮上するわけだ。

果たして、その結果はどうであったかをチャート❶―❻で確認してみよう。

確かに、ドル／円相場は07年11月26日安値＝107.19円に向かって下落を続けたあと、底入れして07年12月27日高値＝114.64円まで急激に上昇している。

この状況をして、07年11月安値は「どうやら07年３月安値を起点とする８～９カ月サイクルの終点だった」と判断することができそうだ。

だとすると、07年11月安値から新たに始まった（と考えられる）８～９カ月サイクルは08年７～８月あたりまでの期間となることが想定されるわけである。

02

値幅という上下のフシ目＝「縦軸」に注目する

●悩ましい「中段保ち合いの形成」に対する処方箋

次に、チャート❶－❺を拡大したチャート❶－❼を見てみよう。

このチャートにおいても確認できる06年５月17日安値＝108.96円を起点とした「中期上昇チャネル」（チャート❶－❼中のⓒ）に着目してみることとしよう。

このトレンドは結果的に、07年６月22日の高値＝124.12円到達時点まで続くこととなるわけだが……。

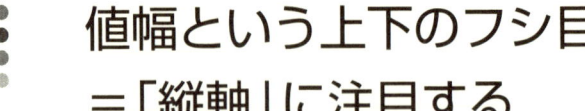

チャート上においてハッキリと確認できるように、この間、ドル／円レートは「安値と安値を結ぶライン（トレンドライン）」と「高値と高値を結ぶライン（チャネルライン）」という上下に平行する２本のラインの間で、極めて規則的な価格変動を繰り返している。

結論から言えば、07年７月下旬に長い陰線が示現するとともに、それまでの下値支持線（サポートライン）を明確に割り込んだ（下方ブレイクした）段階で、まず「従前の中期上昇チャネルは終わりを告げた」と判断し、それ以降は下値を模索する展開が当面続くと考える

チャート❶—❼
上昇チャネルを下抜けて、下値模索の展開が続いた

｜ドル／円｜週足｜2005.07〜2007.12

チャート提供：ドリームバイザー・ドット・コム

のがセオリーだ。

実際、07年7月下旬に118円台後半の水準でサポートラインを割り込んだ（＝チャネル・ブレイクした）あとは、8月半ばに示現した111円台半ばの安値に至るまで下落基調は続いた。

この中期上昇チャネルを形成した期間➡その後の大幅下落期間➡底入れ＆反発期間を抜き出したのが、チャート❶—❽である。

これは、俗に「下降フラッグ型」などといわれる中段保ち合い(36〜37ページ図❷参照)のパターンであり(呼び方などは本来どうでもいいのだが)、規則的な価格変動が一定期間続く局面にあっては、その期間の波の数が「５つに分かれるパターン」によくお目にかかる。

さらに言うと、**１〜４つ目の波は上値抵抗線(チャネルライン)ならびに下値支持線(トレンドライン)にそれぞれ到達するような上下動を繰り返すが、５つ目の波はラインに到達することなく終わることが多い**。

実際、07年６月22日に向けて上昇基調にあった５つ目の波は、それまで上値抵抗線(レジスタンスライン)として機能していたチャネルラインの延長線上まで到達することなく下落に転じている。こういうときは、**最終的にサポートラインとして機能していたトレンドラインを割り込む可能性を想定しておくことが肝心**だ。

なお、この事例におけるチャネルの値幅は約7.5円である。それを念頭に置いて、07年７月下旬にサポートラインを下方ブレイクしてから８月半ばに安値を確認するまでの下落幅を見てみよう。

下方ブレイク時のレートが118.75円で、その後に付けた安値が111.57円であるから、その値幅は約7.2円。つまり、チャネル・ブレイク後の下落幅とチャネルの値幅がほぼ同じ程度であった。もちろん、これは単なる偶然ではない。

要するに、保ち合いをブレイクした場合、その後の価格は保ち合いを形成したレンジ幅と同じだけ上昇、あるいは下落することが多いのである(図❸参照)。

チャート1—8
チャネル形成とチャネルブレイク

｜ドル／円｜週足｜2005.10〜2007.10

チャート提供：ドリームバイザー・ドット・コム

図3
中段保ち合いを上方にブレイクしたときの上値メド

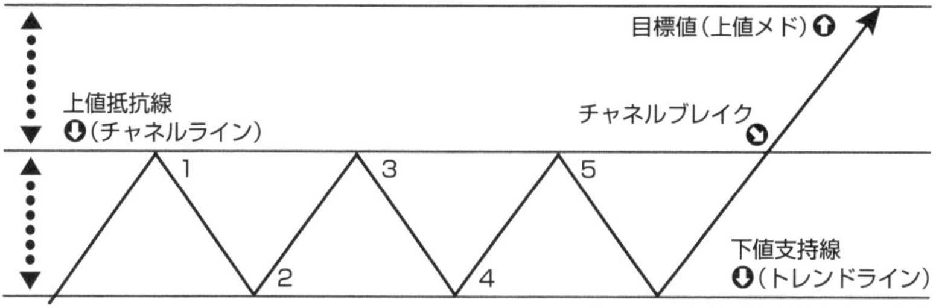

図❷ 主な中段持ち合いのパターン

(1)ボックス型

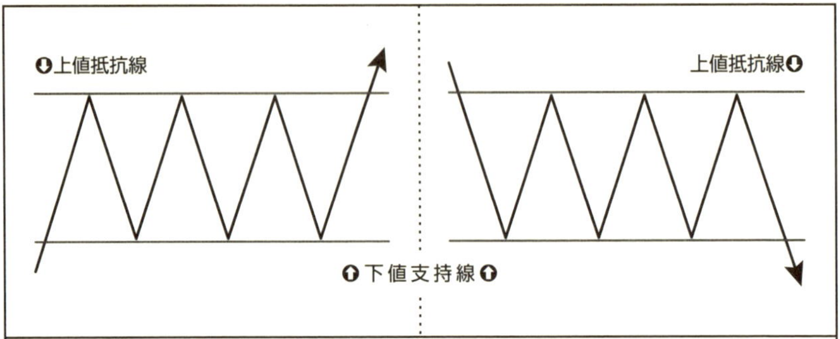

価格はほぼ一定のレンジで動き、上値抵抗線を突破する（上抜ける）と、新たな上昇トレンドに入り、下値支持線を突破し（下抜ける）て下放れると、新たな下降トレンドに入る。中段持ち合いの代表的なチャートパターンだ。

(2)フラッグ型

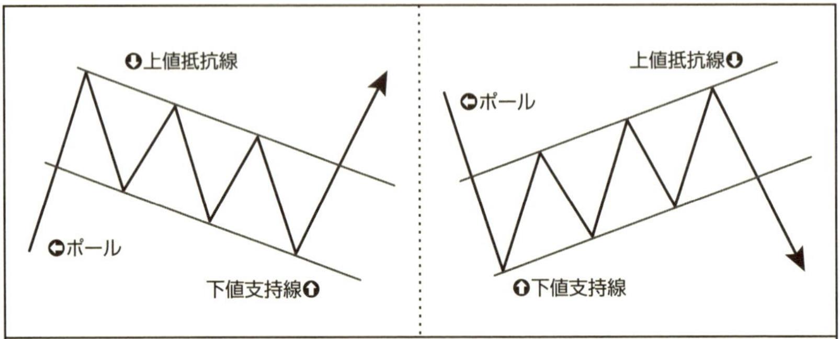

「上昇フラッグ型」（図左）は、価格が急騰したところをポールに見立て、上値抵抗線（上値と上値を結んだ線）と下値支持線（下値と下値を結んだ線）が共に切り下がり、平行四辺形（フラッグ）を形成。上値抵抗線をブレイクすると、上昇トレンドが継続していることを確認できる。**「下降フラッグ型」**（図右）は、価格が急落したところをポールに見立て、上値抵抗線と下値支持線が共に切り上がり、平行四辺形（フラッグ）を形成。下値支持線をブレイクすると、下降トレンドが継続していることを確認できる。

(3) ペナント型

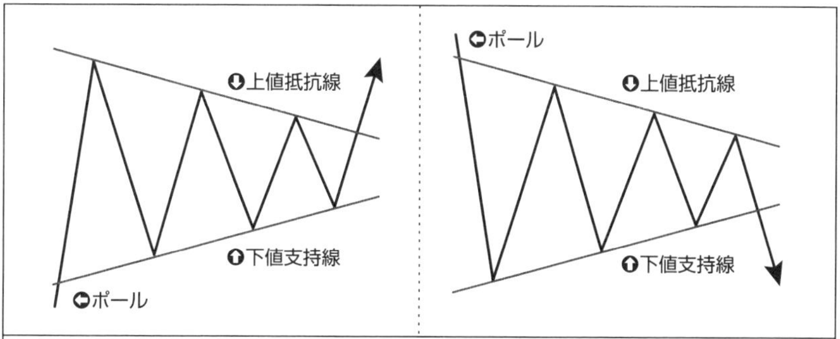

「上昇ペナント型」（図左）は、価格が急騰したところをポールに見立て、上値抵抗線が切り下がり、下値支持線は切り上がるペナントを形成。上値抵抗線をブレイクすると、上昇トレンドが継続していることを確認できる。**「下降ペナント型」**（図右）は、価格が急落したところをポールに見立て、上値抵抗線が切り下がり、下値支持線は切り上がるペナントを形成。下値支持線をブレイクすると、下降トレンドが継続していることを確認できる。

(4) 三角形型

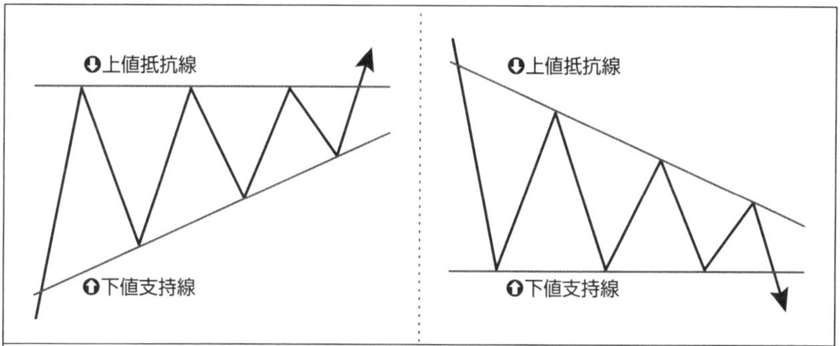

「上昇三角形型」（図左）は、価格の上値が抑えられ、下値は切り上がるパターン。売り方の勢いが弱まると上値抵抗線を一気にブレイクして、上昇トレンドが継続していることを確認できる。**「下降三角形型」**（図右）は、価格の上値が切り下がり、下値は支えられるパターン。買い方の勢いが弱まると下値支持線を一気にブレイクして、下降トレンドが継続していることを確認できる。この三角形型は、（1）ボックス型と並んで、典型的な中段持ち合いのフォーメーションとして記憶しておきたい。

●「頭と尻尾はくれてやれ！」の本当の意味

ところで、昔から株式、外国為替、国際商品など取引市場や投資対象の違いにかかわらず、広く相場の世界では「頭と尻尾はくれてやれ！」という格言がよく用いられる。

これは、一定期間内での売買において、その間の最安値で買って最高値で売ることなど到底できない芸当なのだから、ゆるい意味で言えば「安値と思って買ったあとにもう一段の安値があったり、高値と思って売りに出したあとにもう一段の高値があったりしても気に病むことはない」ということなのであろう。

確かに、それは「その通り」なのだが、この格言が示唆するところを十分に理解しておらず、単に自分への慰め（言い訳？）として手前勝手に用いている投資家が少なくないことも事実。

本来、この格言は非常に重要な指摘をしており、きちんと理解して使えば確実に「収穫」は増えるわけであるから、やはりここできちんと整理しておくべきであろう。

まず、ここで言う「頭」と「尻尾」というのは、多分にテクニカル的な概念であることを再確認しておきたい。

ズバリ！　言えば、これは上下それぞれのチャート・ポイントであり、別の言い方をすれば一般に上下の「フシ目」と言われる水準を指している。

ここで図❹をご覧頂きたい。

図❹
示唆に富んだ「頭と尻尾はくれてやれ！」の意味

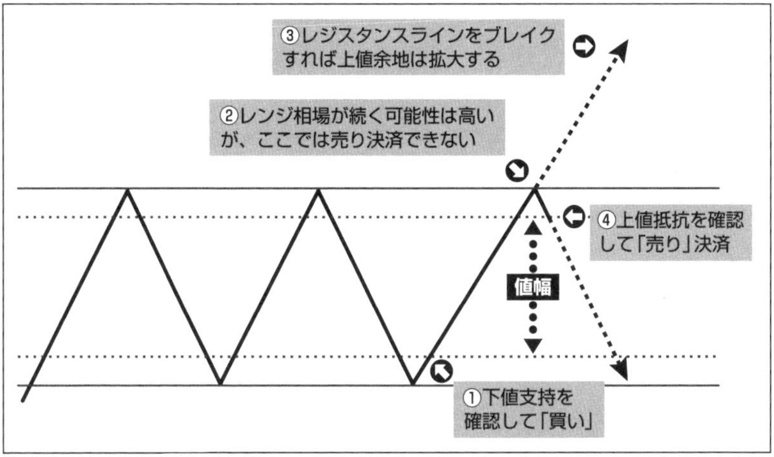

前述したような「中段保ち合い」が形成されている可能性を読み取った場合……ここで「フシ目」と考えられるのは、当然のことながら上下２本のライン（＝サポートラインとレジスタンスライン）ということになる。

ここで、仮にサポートライン近辺でドル／円を買い、思った通りにサポートラインの水準をボトムに切り返す展開になったとしよう。次に肝心なのは売り決済（＝利益確定）の水準であり、ここでは当然、レジスタンスラインの水準が妥当であると考えるはずだ。

だからといって、上昇基調が続く最中にレジスタンスラインの水準で「売り指値」を出すのは間違い。もうお分かりのことと思うが「レジスタンスラインで押し返される」というのは、あくまで1つの可能性であり、場合によってはレジスタンスラインをブレイクして、もう一段上の「フシ目」に向かう可能性だってある。

もしそうなったら、より大きな値幅が取れるチャンスをミスミス逃してしまうということになり、これはハッキリ言って「大失態」。多少の利益が確定できたとしても、なんだか損したような気分になろう。

結果的に（案の定）、**レジスタンスラインの水準で押し返され、もはやレジスタンスラインをブレイクするのは難しいということが明確になったときは、レジスタンスラインよりも少し下の水準で売り決済する**のが、あるべき利益確定の姿といえる。

あとで振り返れば、一番高い水準では決済できなかったということになるが、そんなときこそ「頭と尻尾はくれてやれ！」である。

まったく同じことは、できる限り安い水準で「買い」を入れようとする場合にもいえる。

相場が下落局面の最中にあって、そろそろサポートラインと思しき水準に到達するからといって、そこですかさず「買い」を入れるのはリスクが大きすぎるので極力避けたい。

場合によっては、下値支持が機能せず、同水準をブレイク・ダウンしてしまう可能性もあるからだ。

もし、ひとたびサポートラインを割り込んでしまったら、当分は次の下値のメドなど見えなくなってしまう。

結果的に（案の定）、**サポートラインと思われる水準で切り返し、**

もはや一段の下値不安はないことが明確になったとき、サポートラインよりも少し上の水準で買いを入れるのが、あるべき姿勢といえよう。

やはり、あとで振り返れば一番安い水準では買えなかったということになるが、そこでも「頭と尻尾はくれてやれ」なのである。

中長期的な見方から短期的な見方へ

ここで少し、これまで述べてきたことをまとめておこう。

まず、**月足チャートをもとに長期的な視座から過去に確認できるいくつかのサイクルと現在の位置を「時間軸」で確認**する。

結果、07年６月22日の高値＝124.12円は「８年高値サイクル」の高値であり、同時に「５年（安値）サイクル」のトップではなかったかという仮説を立ててみる。

次に、**週足チャートをもとに中期的な視座から過去に確認されているいくつかのサイクルと現在の位置を「時間軸」で確認**する。

結果、07年６月22日の高値＝124.12円は「81～83週（高値）サイクル」の高値であり、同時に「８～９カ月（安値）サイクル」のトップだったのではないかという仮説を立てる。

続いて、週足チャート上に06年５月半ばから07年７月下旬までの間に「中期上昇チャネル」が形成されていたことを確認し、結果的にチャネル下限＝サポートラインを割り込んだことから、それまでのトレンドが転換したことを確認する……。

以上のような「材料」をもとに、まず今回の「５年サイクル」の終着点と思われる2010年の初頭あたりまでは、基本的に円高・ドル安トレンドが続くのではないかと考える。

もちろん、これらはあくまで中長期的な視座に立って、相場の大きな流れを展望しているに過ぎない。

実際のＦＸは３〜10日程度の期間で完結する「スウィング・トレード」、あるいは１〜２日以内に完結する「デイ・トレード」が主流になるものと思われるため、次に、より短期的な視座に立って具体的な戦略を立てなければなるまい。

●あのときは……こう考えた！

そこで、今度はドル／円の日足チャートをもとに、より具体的な戦略の立て方について検証してみることとしよう。

ここでは、よりリアリティを感じていただくため、07年６月22日に高値を付けてから同年８月17日に目先の底を打つまでの間、筆者が実際にどのような判断をし、どのような取引を行ったかを振り返ってみることとしたい。

結論から言えば、その間のドル／円の下落幅は12円余りという大幅なものであり、そこで相当な損失を被った投資家も少なくないといわれている。しかし、筆者にとっては格好の稼ぎ時となり、実際にかつてないほど大きな値幅を稼ぐことに成功した。

いまさら言うまでもないが、ＦＸというのは「下落相場（※注）」でも十分な利益を獲得することができる。そして、**時に下げ相場というのは比較的短い期間に大幅な値動きをすることがあるため、むしろ上昇相場のときよりも大きく儲けることができる**のである。

あらためてチャートを確認すれば分かることだが、たとえばドル／円の値動きというのは、どちらかというと、**上昇相場のときにはユルユルと時間をかけることが多いが、下落相場のときには比較的短い時間で鋭角的な動きを見せる**ことが多い。

これは、円が世界で最も金利の低い通貨であり、ゆえに俗に言う「円借り取引（＝円キャリートレード）」の対象とされやすいことと深く関わっているものと思われる。こうした取引は実需を伴わない投機的なものであるため、巻き戻し（＝反対売買）が行われると一気呵成に円が買い戻されるのだ。

いずれにしても、そういった状況下においてドル／円の「売り」から取引を始め、値下がりしたところで買い戻すというポジションをとった場合には、比較的短期で大きな値幅を取ることも可能だということになる。

つまり、**「下落相場のときほど、ＦＸという取引手法の長所・魅力がいっそう際だつ」**ともいえるのだ。

（※注）ここで言う「上昇」「下落」とは、あくまでもドル／円という通貨ペアの値動きのことであり、円に対するドルの価値の変化を指している。

当然、ドルに対する円の価値という観点からすれば、その動きは逆になる。ここでは便宜上（分かりやすくするために）、上昇相場、下落相場という言葉を用いる。

では、ここからは過去にタイムスリップしたつもりで、07年6月22日以降のドル／円相場と、そのときどきの投資判断について振り返ってみることとしよう……。

チャート1—❾をご覧いただきたい。

【07年6月22日】 チャイナショックで安値を付けた07年3月5日を起点に「中期上昇チャネル」が形成。ドル／円レートはすでにチャネル上限に到達している。
この上限をブレイクすれば上値余地が生まれるが、押し返されればチャネル下限までの調整もあり得ると考える。

【07年6月26日】 どうやらチャネル上限で押し返された模様。ここで、チャネル下限を下値メドにドル／円の「売り（ショート）」を仕掛ける。

【07年7月4日】 7月2日にチャネル下限に接近し、その後、7月2日の安値を割り込まなかったことから、目先の調整は終了と判断。「ショート」のポジションを決済する（＝買い戻す）。

次に46ページのチャート1—❿に移ろう。

チャート1—9
チャネル下限を下値メドにショートを仕掛ける！

｜ドル／円｜日足｜2007.02～2007.08

チャート提供：ドリームバイザー・ドット・コム

【07年7月10日】 長い陰線を伴って、それまでに形成されていた中期上昇チャネルの下限を一気にブレイク。同時に一目均衡表（一目均衡表については第3章で詳述）の転換線が基準線を下抜け、しばらくは調整色が強まるものと判断する。

【07年7月20日】 前日まで6～7日ほどのもみ合い商状を続けたが、その間のサポートラインを下抜け、同時に一目均衡表の雲の上

チャート1—⑩
チャネル下限を一気にブレイクし、下げ足を速めた

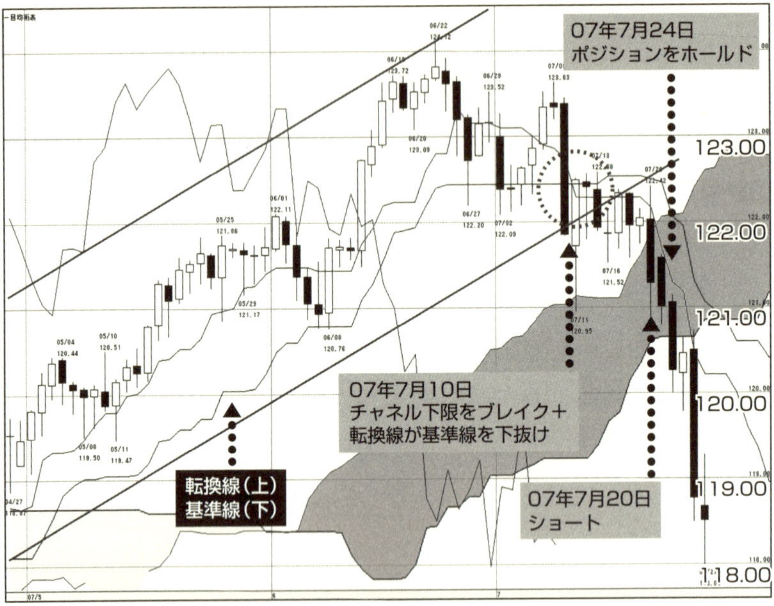

｜ドル／円｜日足｜2007.04～2007.07

チャート提供：ドリームバイザー・ドット・コム

限をも下抜け。売り圧力が強まり、ここで再び「ショート」を仕掛ける。

【07年7月24日】一目均衡表の雲の下限はサポートラインとして機能しそうになく、一気に下抜けて長い陰線となったことから、「ショート」のポジションはホールド（＝継続）と判断。ここで次なる下値メドを予想する。

チャート❶—⓫
前回の下落幅から、目先の下値メドを探る

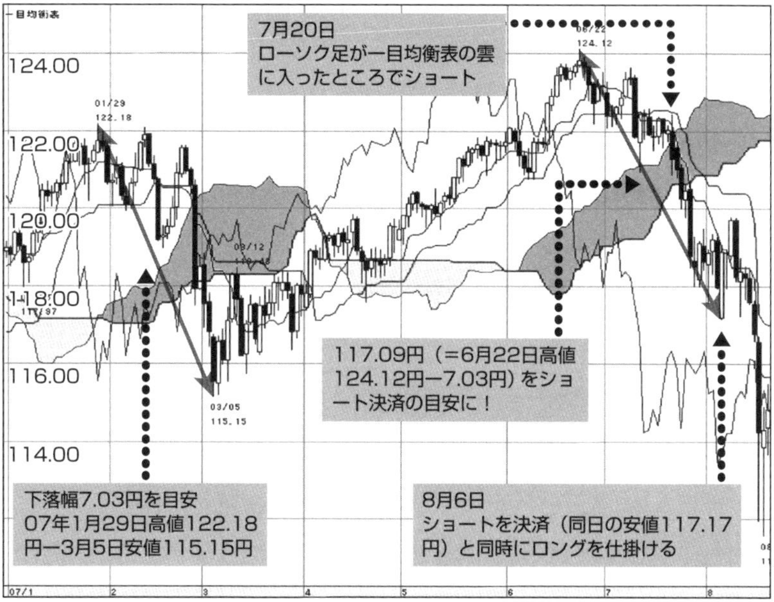

｜ドル／円｜日足｜2006.12~2007.08

チャート提供：ドリームバイザー·ドット·コム

１つの参考となるのは、07年１月高値から同年３月安値までの下落幅＝ほぼ７円（チャート❶—⓫）。今回も同じ幅だけ６月22日の高値から下落すると仮定すると、当面の下値メドは117.09円ということになる。

【07年８月６日】案の定、117.17円まで押し下げたところで下げ止まり。ショートカバーが入った模様で、急激に切り返して118円

台を回復する。
ここで、ホールドしていた「ショート」のポジションを決済。リバウンドのメドは、６月22日高値＝124.12円から同日安値＝117.17円までの38.2％戻しの水準＝119.82円と予想し、ここですかさず「買い（ロング）」を仕掛ける。

【07年８月９日】
前日は119.79円まで上昇し、最終的に119.72円の引けとなった。同日は前日終値近辺からのスタートとなったが、次第に下値を切り下げる展開へ。
当面の上値メドと考えていた119.82円を上抜ける勢いが感じられないことから、119.00円付近まで押し下げてきたところで「ロング」していたポジションを決済する。

【07年８月16日】前日に8月６日の安値＝117.17円を下抜けて引け、同日は一段と安い水準＝116.57円からのスタートとなったことから、ここで「ショート」を仕掛ける。この時点での下値メドは、07年３月5日の安値＝115.15円、次に06年12月5日の安値＝114.43円と予測する。
結果的に、その日のドル円は112円割れの水準まで一時的に下押したが、引けにかけては長い下ヒゲを伸ばす格好で買い戻されてきたことから、そこで「ショート」を決済する（チャート❶—⓬参照）。

結局は翌８月17日にも大幅な下落を演じ、一時は111.57円まで急落。しかし、引けにかけては114.32円まで大幅に値を戻し、２日連

チャート❶—⑫
「8・16ショック」の当日とその後

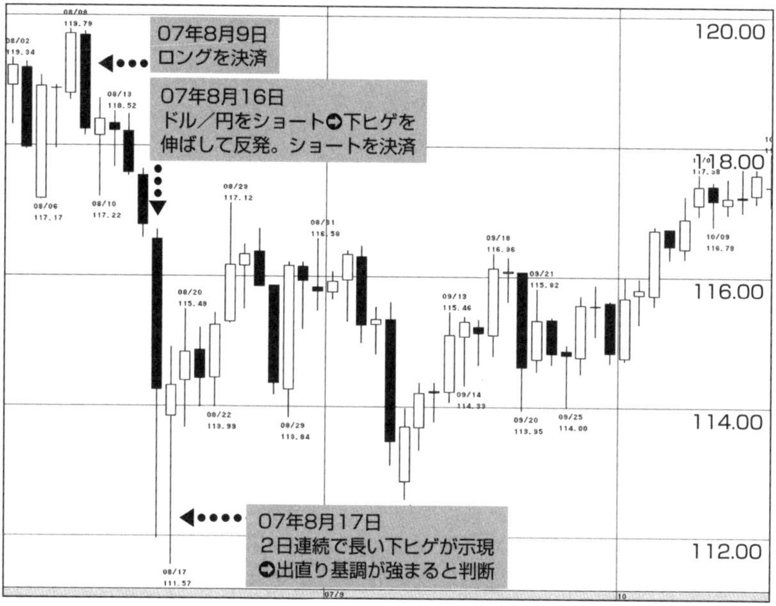

｜ドル／円｜日足｜2007.08～2007.10

チャート提供：ドリームバイザー･ドット･コム

続の長い下ヒゲが確認された。

よって、しばらくは出直り基調（＝売り方の買い戻し／ドル売り・円買いポジションの解消）が強まるものと判断することとなる。

なお、ここで確認したのは日足チャートであり、当然のことながら「ロング」あるいは「ショート」を判断する時点では、まだ当日の足形は完成していない。

そこで、実際の取引においては「60分足」や「15分足」などで価格推移を確認しながら、当日の「日足」がどのような足形になるかを想像しつつ、判断を下していくこととなる。

FX

第2章

Foreign Exchange

トレンド分析から
はじめよう!

01

移動平均線を活用して売買ポイントを見極める

売買の判断をデジタルに……

第１章では、テクニカル分析が“勝てる道具”であることを再確認するために、あえて過去の実例を振り返ってみた。

ここからは、その有効性をもう少し体系的に検証してみよう。

そもそも、相場で勝つために「テクニカル分析が有効」とされるのはなぜなのだろうか？

よく言われることだが、リスクに晒《さら》された状態にある人＝投資家が理性的かつ合理的な判断を下すことは極めて難しい。

往々にして絶好の“買い時”というのは人気が離散しているときであり、絶好の“売り時”というのは人気が絶頂に達しているときだから、そこで自分だけが「アウトロー」になるのは難しいという側面もある。

人間は誰しも弱い存在であり、どちらかといえば、「多数派」のほうに寄りすがっていたほうが、より強い安心感を得ることができる。自分が「上」だと考えているとき、その考えに多くの他者も同調してくれれば、「よし、もっと上もあり得そうだ」と希望的観測を抱きがちになる。

そこでアウトローを気取るというのはとても勇気の要ることであり、結果的に、どうしても希望的観測を抱いてしまいがちな投資判断の場において、投資家はよく間違いを犯す。

そうした間違いの原因を排除するためには、より機械的に売買の指示を出すためのルールを設け、それを厳しく守るよう自らに課すことが肝要だ。言い換えれば、売買の判断を“デジタルに（＝感情を排除して）行う”ということになるだろうか。

だからといって、たとえば「買い値より○％値上がりしたら売り」などといったルールを設けるのはいただけない。何より、買いのタイミングが正しかったどうかが、はなはだ疑問だからである。

そこで活躍するのがテクニカル分析。

たとえば、「移動平均線が上昇中に、価格が移動平均線を下抜けたら買い」などというルールを設けることは非常に有効で、少なくとも何度か売買を繰り返したときの「勝率」は、テクニカル分析を活用しないときよりも確実にアップすることだろう。

●移動平均線から分かる8つの「買いサインと売りサイン」

テクニカル分析というと、「何だか難しそうで……とても自分には使いこなせない」などと頭を抱えこんでしまう人が少なからずいると思うが、実際には何ら難しいことなどない。

難しい計算式を自ら編み出す必要もなければ、覚える必要もない。まして、いまどきは方眼紙を引っ張り出して自分でローソク足を毎日、毎日、書き足していく必要もない。

いうまでもなく、昨今はインターネットが一般家庭にまで普及しており、関連のサイトや各ＦＸ会社が提供しているチャートを使えば、テクニカル分析に必要なあらゆる指標が思いのままに表示できるのだから……本当に便利な時代になったものである。

数あるテクニカル指標のなかで、最も一般に慣れ親しまれているもののの１つといえば、「移動平均線」。過去の一定期間の平均値をチャート上に示した、至極簡単なものである。

より細かく言えば、単純移動平均線や修正移動平均線、加重移動平均線、指数平滑平均線など複数の種類があるが、まずは単純移動平均線に注目することから始めればいいだろう。

問題なのは移動平均線の「使い方」だが、それも過去の偉人たちはちゃんと「こう使ったらいいですよ」という便利な方法を普遍的な形で、いくつかの「法則」として私たちに遺《のこ》してくれている。

周知の通り、その１つが「グランビルの法則」であり、すでに十分ご承知のことと思うが、ここであらためて確認しておこう。

1960年に出版された著書のなかでジョセフ・Ｅ・グランビルは、「日足チャートに200日移動平均線を描画すれば、平均線によって平準化された市場価格の傾向線が示され、市場価格が上昇基調にあるのか、下落基調にあるのか、そのトレンドを知ることができる」として**８つの基本法則**を定めている。

この法則によれば、移動平均線と市場価格との間に見られる相互の関係から次に示す**４つの「買い」サインと４つの「売り」サイン**を読み取ることができるというのだ。

57ページのチャート❷―❶は、04年12月から07年12月までのドル／円の日足チャートに、200日移動平均線を表示したものだが、この間の実際の値動きにおいてもグランビルの法則は立派に説明できるので確認されたい。

【買①】 移動平均線が下降したあとに横ばい、または上昇に転じたときに市場価格が移動平均線を上放れてきたら「買い」。

【買②】 移動平均線の上昇中に、市場価格が移動平均線よりも下方にまで下落する場合は「買い」。

【買③】 市場価格が移動平均線よりも上方にあり、移動平均線に向かって下落しているが、移動平均線を下抜けずに再び上昇に転じたときは「買い」。

【買④】 上向きだった移動平均線が下向きになりはじめて、市場価格が移動平均線よりも急激に下方に向かったとき、市場価格は短期的にも移動平均線に向かって上げる可能性がある。ときに、この一時的な上昇は大幅なものになる可能性があるので「買い」。

【売①】移動平均線が上昇したあとに横ばい、あるいは下降しはじめたとき、市場価格が移動平均線から下放れしはじめたら「売り」。

【売②】移動平均線が下降している最中、市場価格が移動平均線よりも上方に上昇してきたら「売り」。

【売③】市場価格が移動平均線よりも下方にあり、移動平均線に向かって上昇するも上抜けずに下落に転じたときは「売り」。

【売④】下向きだった移動平均線が上向きに転換したあと、市場価格が移動平均線よりも上方に急激な上昇をしたときには、市場価格は移動平均線に向かって下落する可能性がある。ときに、この一時的な下落は大幅なものになる可能性があるので「売り」。

以上が４つの「買い」サインと４つの「売り」サインである。

●グランビルの法則で重要なのは「買①」と「売①」

前項で紹介したグランビルの「８つの基本法則」のなかで、一般に**最も重要とされるのは「買①」と「売①」**である。

過去200日間の平均価格というのは、おおよそ市場参加者の売買

チャート2—❶
「買①」「売①」のサインを探して儲けの確率を高める

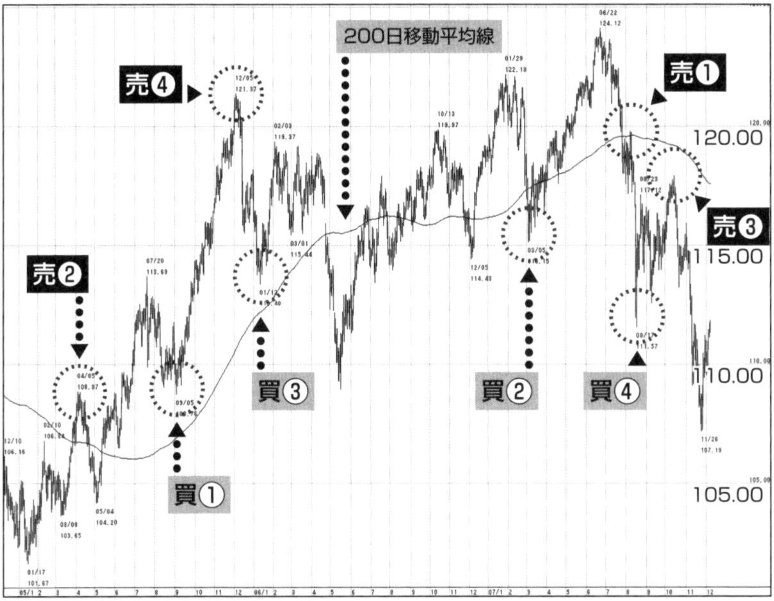

｜ドル／円｜日足｜2004.12〜2007.12

チャート提供：ドリームバイザー・ドット・コム

平均コストに近い。その平均価格よりも市場価格のほうが下に位置するということは、この期間に購入した市場参加者が平均的に損失を抱えているということだ。

よって、市場価格が下方から移動平均線の近くまで上昇してきたときには、そこで戻り待ちの売りが出やすくなり、市場価格が移動平均線を上抜けるのは容易でない。

この売りをこなして市場価格が移動平均線を上抜くということは、何らかの買い（＝強気）材料が出てきたということ。さらに、市場価格が移動平均線を上抜けてくれば、市場参加者は平均的に評価益を抱えることになるから、買い方の心理は一気に強気に傾く。

同時に、その時点で売り方に回っていた市場参加者は慌てて買い戻しに転じることとなり、結果的に「買①」のサインが現れると、その後しばらくは上昇基調が継続するのだ。

逆に「売①」のサインが現れるときというのは、市場価格の上昇が頭打ちになり、次第に移動平均線の上昇力も衰えてきたあとに、市場価格が市場参加者の売買平均コストを下回ってくるわけだから、多くの買い方はそこで手仕舞い売りのオーダーを出そうと焦る。

同時に、売り方にとっては俄然、有利な状況に転じることから、一段と売り圧力が強まることとなるわけだ。

なお、グランビルの法則はあくまで200日移動平均線と市場価格との関係から売買のタイミングを計ることに用いられるわけだが、筆者は89日移動平均線や21日移動平均線など、より短い期間をとった移動平均線と市場価格の関係においても、ある程度、この法則は有用であると考える。

もちろん、**期間が短くなるほど売買サインとしての「確度」は低下する**ものと理解しておく必要はあろう。ただ、計算期間の差はあれ、移動平均線が「市場参加者の売買平均コストに近い水準にある」という点では、ほぼ同じことが言えるはずだ。

●2本の移動平均線が教えてくれる仕掛け時

移動平均線を使って相場のトレンド、売買のタイミングを計る方法のなかで比較的ポピュラーなものに、計算期間が異なる２～３本の移動平均線を用いて、それぞれが交差する時点を「買い」「売り」のシグナルとする方法がある。

周知のとおり、いわゆる「ゴールデン・クロス（ＧＣ）」が買いのシグナル、「デッド・クロス（ＤＣ）」が売りのシグナルであり、ＧＣは（計算期間が）長い移動平均線を短い移動平均線が下から上へ突き抜ける時点、ＤＣは短い移動平均線が長い移動平均線を上から下へ突き抜ける時点をいう。

61ページのチャート2―❷は、04年12月から07年12月までのドル／円の週足であり、ここでは20週移動平均線と40週移動平均線の関係に着目してみたい。

このチャート上でＧＣが確認できる時点は２カ所あり、どちらかというとＧＣ①よりもＧＣ②のほうが、信頼性は高いとされる。

つまり、**２本の移動平均線の向きがともに上向きのときに現れるＧＣのほうが信頼できる**ということだ。

同様に、ＤＣが確認できる時点も２カ所あり、どちらかというとＤＣ①よりもＤＣ②のほうが信頼性は高いとされる。

つまり、**２本の移動平均線の向きがともに下向きのときに現れるＤＣのほうが信頼できる**ということだ。

その実、ＤＣ①は40週移動平均線が上向きのときに、20週移動平均線がそれを上から下に突き抜けており、仮にＤＣが現れた時点でドル／円に売りを仕掛けていたら、結果的に失敗となってしまっている。

それは、よく考えれば当たり前のことで……40週移動平均線はドル／円が06年４月下旬から５月半ばにかけて急落したあと、６月中旬にかけて急激に持ち直したことをちゃんと反映している。

つまり、一時的な急落はあったものの、中長期的なトレンドはいまだに強気であることを40週移動平均線が教えてくれているということなのだ。

逆に、ＤＣ②は20週移動平均線ばかりか40週移動平均線までもが下向きのときに現れている。当然のことではあるが、その時点でドル／円レートは２本の移動平均線よりも下方に位置しており、中長期的なトレンドが弱気に傾いているなかで、当面は上値の重い展開が続くものと予想できる。

●重要な意味を持つ21日移動平均線

前項で06年10月９日～13日の週に出現したＧＣ②は、２本の移動平均線がともに上を向いていることから比較的信頼性の高い買いシグナルであると指摘した。

しかし、それだけを頼りに買い仕掛けるというのは……中長期的なスタンスからすればＯＫなのかもしれないが、短期的に見ればＮＧと言わざるを得ない。

チャート2—❷
20週・40週の両移動平均線のクロスで仕掛ける

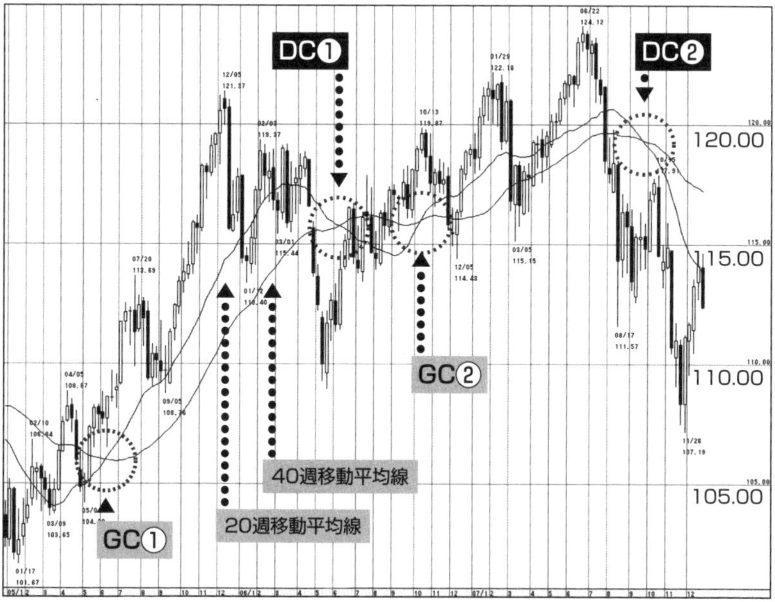

| ドル／円 | 週足 | 2004.12〜2007.12

チャート提供：ドリームバイザー・ドット・コム

ＦＸは基本的にレバレッジ取引であるがゆえに、比較的短期のスタンスで取り組むケースが多い。だとすれば、中期的なトレンドをつかんだうえで、次により短期的なトレンド、売買のタイミングを計らなければなるまい。

63ページのチャート2—❸は、前述の週足チャートにおいて20週移動平均線と40週移動平均線のＧＣ②が出現して以降、日足チャート上でドル／円レートと21日移動平均線がどのように推移したかを表したものである。

ここで注目したいのは、06年10月13日に高値119.87円を付けたドル／円レートがしばらくもみあったあとに、10月末に21日移動平均線を下抜けてしまったところ（チャート上ⓐ）。それ以降は12月11日に再び21日移動平均線を明確に上抜ける（ⓑ）まで、基本的には下落トレンドが続いた。

06年12月20日ごろに21日移動平均線が横ばいから上向きに転じて以降は再び上昇トレンドへ。07年１月５日、８日は連日で長い下ヒゲを伸ばして21日移動平均線に抵触したが（ⓒ）、終値ベースでは21日移動平均線を下抜けず、グランビルの法則【買③】が有効となった。

次に21日移動平均線が下方に向かいはじめたのは２月14日のことで、その後にドル／円レートは一時的にも急落したが、再び急激に21日移動平均線を上抜けてきた（ⓓ）。

ここはグランビルの法則【売②】に従うべきタイミングであり、その後のレートは、案の定、一気に下方に向かった。

07年３月末まで下落していた21日移動平均線が上昇に転じてから、再び下落に転じる７月11日までの間（ⓔ）というのは、基本的にドル／円レートも上昇トレンド。

逆に、下落し続けた21日移動平均線がようやく横ばいとなる９月半ばぐらいまで（ⓕ）は、ドル／円レートも基本的に下落トレンドが続いた。ことにチャート上（ⓕ）の期間中、ドル／円レートが21日移動平均線に完全に上値を押さえられていた（＝21日移動平均線が強力なレジスタンスラインとして機能した）というのは実に印象的な出来事であった。つまり、それだけ**「21日移動平均線はドル／円の**

チャート2—3
21日線を使って売買のタイミングを計る

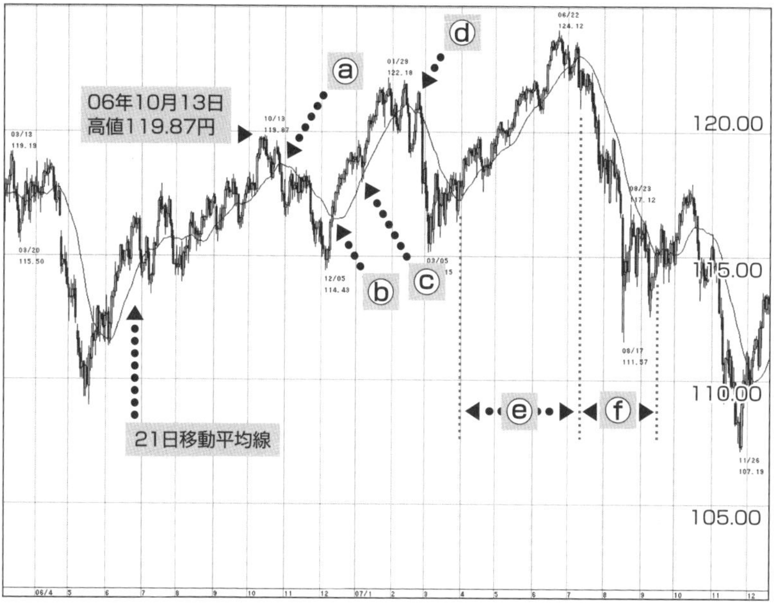

｜ドル／円｜日足｜2006.03〜2007.12

チャート提供：ドリームバイザー・ドット・コム

価格推移において重要な意味を持つ」ということがお分かりいただけるだろう。

89日・200日の両移動平均線も上手に活用したい

前項で見たように、単に21日移動平均線を１本使うだけでもドル／円の売買戦略を立てることは十分にできそうだ。

それでもアテが外れることはままあり、仮にトータルで損益がプラスになっても決して満足はできない……という方もおられよう。

もっと高い信頼性が感じられるときだけ売買し、勝率そのものを高めたいと考えるならば、21日移動平均線とそれよりも長めの移動平均線を２本使って、ゴールデン・クロスやデッド・クロスをより信頼性の高いシグナルとすることも一法であることはすでに述べた。

チャート❷—❹は、チャート❷—❸と同じ期間のドル／円チャート上に、**21日移動平均線とそれよりも長めの移動平均線**を表示したものである。長めの移動平均線とは……ズバリ！　**89日移動平均線**のことだ。

61ページのチャート❷—❷では、**週足チャートと20週移動平均線、40週移動平均線を使って中期的な相場のトレンド**を探ったが、今度は**日足チャートと21日移動平均線、89日移動平均線を使って具体的な売買のタイミング**を計ろうというわけである。

これを見ると、ＧＣ①とＧＣ②はともに「２本の移動平均線の向きがともに上向きのときに現れたＧＣ」であり、いずれもより信頼性の高いシグナルであったことが分かる。

逆に、ＤＣは「２本の移動平均線の向きがともに下向きのときに現れたＤＣ」であり、案の定、その後の下落幅はかなりまとまったものになった。

すでに、お気付きのことと思うが、**ここで使用した移動平均線は、株式のチャート分析を行うときに用いる移動平均線と若干異なる**。株

チャート2—❹
21日と89日の両移動平均線で立てる売買戦略

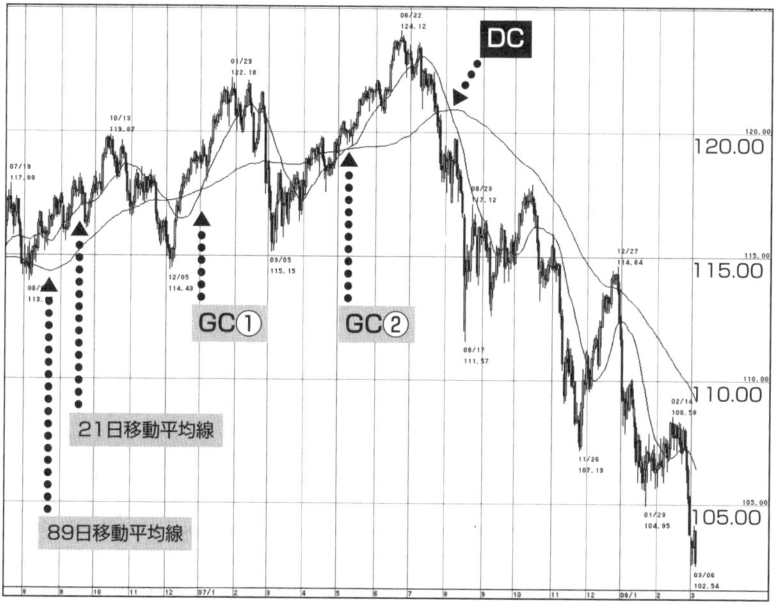

｜ドル／円｜日足｜2006.07〜2008.03

チャート提供：ドリームバイザー・ドット・コム

式の分析を日足チャートで実施する場合は、もっぱら25日移動平均線や75日移動平均線を用いることだろう。

ところが、**外国為替の分析では前出の21日移動平均線や89日移動平均線などが多く用いられる。**

もちろん、それは「価格変動との相関が（他の移動平均線を用いる場合よりも）強く認められるから」であり、同じことは200日移動平均線と価格変動の関係においても言える。

チャート2—5
200日移動平均線が下値を強烈にサポート

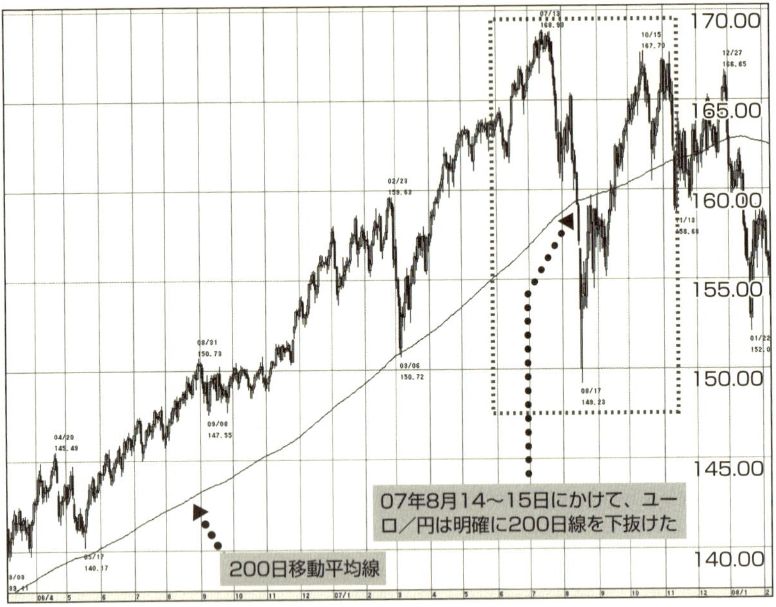

｜ユーロ／円｜日足｜2006.03～2008.02

チャート提供：ドリームバイザー・ドット・コム

チャート2—5は、06年３月から08年２月までのユーロ／円の日足チャート上に200日移動平均線を表示したものである。

見れば一目瞭然、06年３月から07年８月までの間、ユーロ／円レートは何度も200日移動平均線の近辺にまで下降するものの、そのたびに200日移動平均線を下抜けることなく反発している。

これは明らかに、200日移動平均線が強烈なサポートラインとして機能していると投資家が意識していたことを示している。

チャート2—❻
売買タイミングを計る上で有効なグランビルの法則

｜ユーロ／円｜日足｜2007.05〜2007.11

チャート提供：ドリームバイザー・ドット・コム

逆に、07年８月14日〜15日に200日移動平均線を下抜けて以降、９月の半ば頃までの間は、200日移動平均線がレジスタンスラインとして機能したことも分かるはずだ。

なお、念のためチャート2—❺のなかで点線に囲まれた部分を拡大したのがチャート2—❻。これを見ると、前述した「グランビルの法則」が投資判断にいかに有効であるかが分かるはずだ。

まず、**200日移動平均線が上昇中のとき、市場価格が移動平均線よりも下方に下がる場合は「買い」**（チャート中【買②】）。

次に、**市場価格が急激に移動平均線よりも上方に上がる場合は、移動平均線に向かって下げ戻すときがあるので「売り」**（チャート中【売④】）。

案の定、**移動平均線まで下がってきた市場価格が移動平均線を下抜けず、再び上昇に転じたら「買い」**（チャート中【買③】）。

●パーフェクトオーダーが出現したら強気で攻める

次に、移動平均線を４本使った投資判断の一手法について紹介しておこう。それは「パーフェクトオーダー」と呼ばれるもので、それぞれに計算期間が異なる複数の移動平均線が「完璧な順序」で並ぶタイミングを見計らって投資判断を行うことである。

チャート❷—❼は、ドル／円の日足チャート上に４本の移動平均線を表示したもので、その**４本とは13日、21日、89日、200日の期間をとった移動平均線**。

ここで言う「完璧な順序」とは、上昇相場の場合、上から13日・21日・89日・200日の順であり、要は計算期間の短いものほど上に位置するように並んだ状態を指す。逆に、下落相場の場合、上から200日・89日・21日・13日という順番になることはいうまでもない。

より具体的にチャート❷—❼を使って投資判断の方法を説いておく

チャート2—❼
4本の移動平均線が完璧な順序で並ぶときが好機

｜ドル／円｜日足｜2007.02〜2008.02

チャート提供：ドリームバイザー・ドット・コム

と、まずチャート上Ⓐの時点で13日移動平均線が最上位となり、ここで上昇相場における各々の順序は完璧になった。よって、ここでドル／円を「買う（＝ロング）」という判断となる。

一方、チャート上ⒷとⒸは、その時点を境に下落相場における各々の順序は完璧になった。

よって、ここでドル／円を「売る（＝ショート）」という判断となるわけだ。もちろん、移動平均線は過去の平均値であるから、もう少し早い段階でパーフェクトオーダーが現れることを予測することもできるはず。

ただ、それは少々リスクの高い考え方といえるかもしれない。むしろ、より無難に行くのであれば、**パーフェクトオーダーが現れてから３～５足ほど経過し、よりハッキリとトレンドの継続が確認できてから売買注文を執行する**というのがよかろう。

なお当然のことながら、この**パーフェクトオーダーが崩れたときはポジションを手仕舞う**こととなる。

●簡単に使いこなせるエンベロープとボリンジャーバンド

これまで移動平均線の話をしてきたので、やはりエンベロープとボリンジャーバンドについても触れておく必要があろう。

個人的に筆者は、あまりこれらを有効活用していない（他の分析ツールで十分であると考える）ことを正直に述べたうえで、一応「知っておいて損はない」ものとして押さえておきたいと思う。

エンベロープとボリンジャーバンドは、双方とも移動平均線に対して一定の「かい離」を持つ判線を引いたもので、基本的に市場価格というものは移動平均線を多分に意識して動き、かなりの確率で判線が描き出すバンド（帯域）の範囲内に価格変動が収まることに着目している。

双方の違いは、エンベロープが移動平均線に対して単純に一定のパーセンテージでかい離する判線を移動平均線の上下に施したものだ。

一方のボリンジャーバンドは移動平均線に対して、その計算期間のデータの標準偏差（σ＝シグマ）を算出し、移動平均線に対するσの整数倍（通常は１〜３倍まで）を加算・減算した判線を移動平均線の上下に施したものであるという点である。

とにかく実例を見てみることとしよう。

次ページのチャート❷—❽は05年３月〜08年３月までのドル／円の週足チャート上にエンベロープを描画したものだ。

使用しているのは13週移動平均線で、それに対して上下３％、６％かい離する判線をそれぞれ施している。

エンベロープに使用する移動平均線の計算期間は、個々の通貨ペアの価格推移に見られる平均的なサイクルを基準とし、その３分の１から４分の１程度の期間が適切とされる。

前述したように、**ドル／円には８〜９カ月サイクルが確認できることから、ここでは13週移動平均線を使用**したわけである。

見て分かるように、緩やかに変動する移動平均線と一定のかい離率を持った判線によって形成されるバンドは、そう簡単に突破されるも

チャート❷—❽
逆バリのシグナルとして有効なエンベロープ

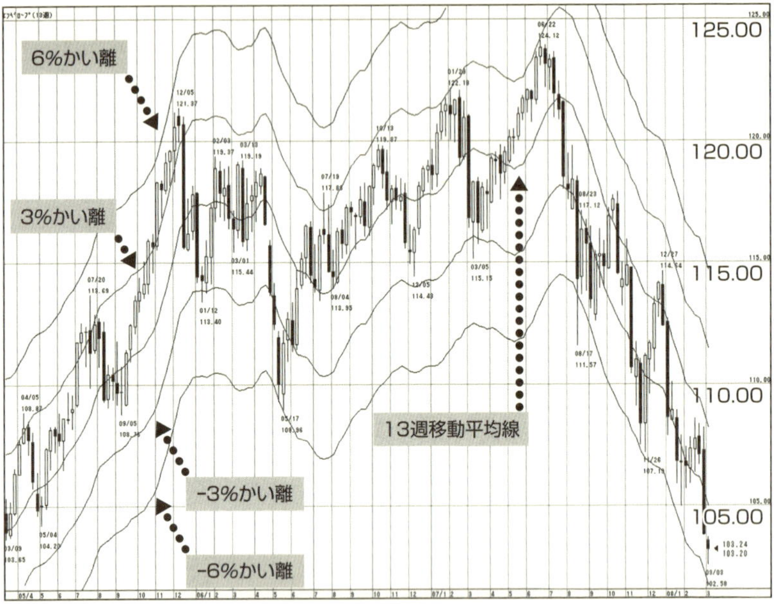

｜ドル／円｜週足＋エンベロープ（13週）｜2005.03〜2008.03

チャート提供：ドリームバイザー・ドット・コム

のではなく、**中長期投資においては比較的分かりやすい逆張りのシグナル**とされる。また、**比較的長めの期間を取ったエンベロープは基調転換後の目標値を想定する場合の目安**となることが多い。

続いて、チャート❷—❾を見てみよう。

これは前例とほぼ同じ期間のドル／円の週足チャート上に13週移動平均線を基準とするボリンジャーバンドを描画したものである。

チャート2―9
トレンド追随型の売買シグナルとして有効だ

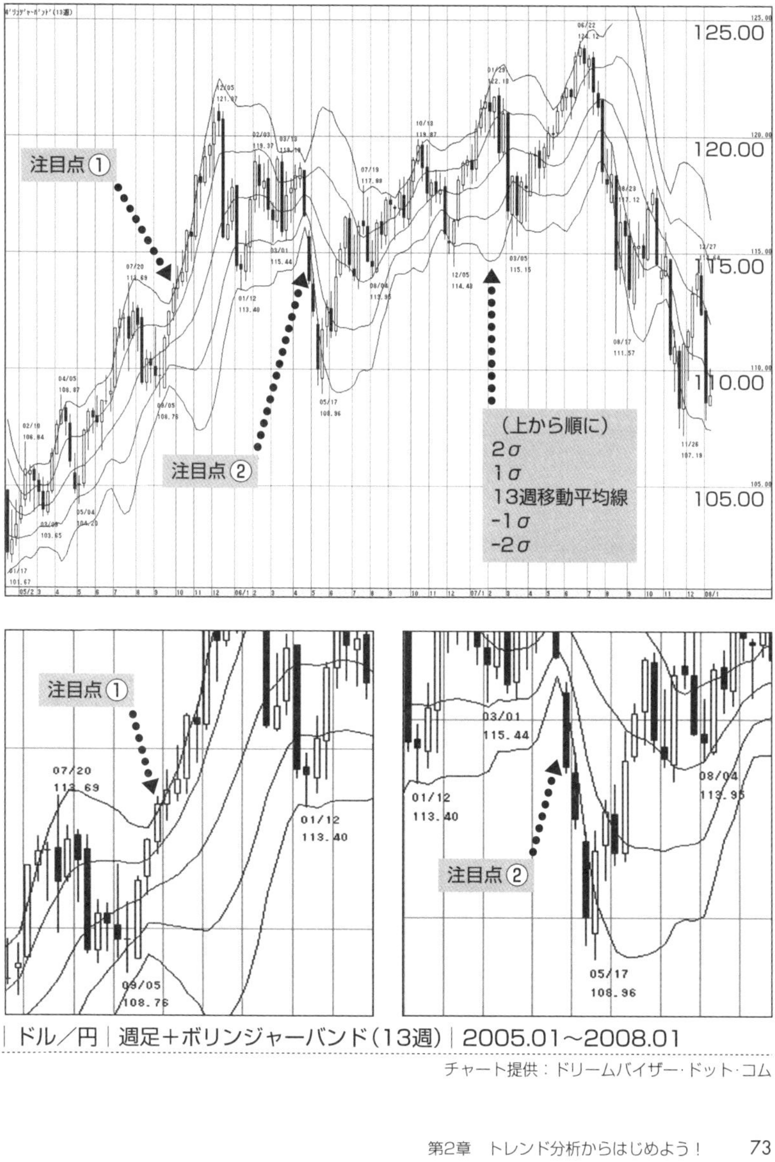

｜ドル／円｜週足＋ボリンジャーバンド(13週)｜2005.01〜2008.01

チャート提供：ドリームバイザー・ドット・コム

このボリンジャーバンドは、基本的に市場価格がプラス・マイナス１σの範囲に収まる確率が約68%、プラス・マイナスσ2の範囲に収まる確率が95.4%、プラス・マイナスσ３の範囲に収まる確率が99.7%であるとされ、市場価格がバンドを逸脱することは極めて稀であると考えられている。

実際にチャートを見てもプラス・マイナス2σの水準に描かれるバンドの両端が価格上昇後のレジスタンスライン、価格下落後のサポートラインとして機能していることが見受けられよう。

つまり、**市場価格がバンドの下端に達したら「買い」、上端に達したら「売り」のシグナルとして活用**することができるわけで、そのシグナルは同時に**下ヒゲ、上ヒゲを伴うとより信頼性が増す**ものとされる。

ただ、**市場価格がバンドの上端を上回ったり、下端を下回ったりして強いトレンドを形成しはじめたとき**は、前述とはまったく**逆にトレンド追随型の売買シグナルとして使うのが有効**だ。言い換えれば、バンド・ブレイクアウトをシグナルとする方法である。

それはチャート❷—❾上の注目点①および②のような状態であり、こうした場合というのは決まってブレイクアウト前の価格変動が小幅であり、一定期間のもみ合いを続けている。だからこそ（よく考えれば当たり前なのだが……）、ボリンジャーバンドの幅も縮小しており、ブレイクアウトが発生しやすい状態になっているともいえる。

繰り返しになるが、筆者が個人的にエンベロープやボリンジャーバンドをあまり活用しないのは、移動平均線とのかい離やレンジ（＝バンド）・ブレイクアウトの状況というのは、他の分析方法でも確認できることが多いからである。つまり、エンベロープやボリンジャーバンドが決して使えないツールであると言っているのではない。

実際、ボリンジャーバンドは投資の初心者にも使える便利なツールとして非常に人気が高い。

02

トレンドラインを活用して相場の流れを見極める

●トレンドラインとチャネルラインを侮ってはいけない

移動平均線と同様、一般に組みしやすいテクニカル分析手法と思われるものの1つが「トレンドライン」である。

周知の通り、まずは上昇トレンドのときに過去の安値と安値を結んだ線を下値支持線（サポートライン）と捉え、下降トレンドのときに過去の高値と高値を結んだ線を上値抵抗線（レジスタンスライン）と捉えることが基本だ。相場のトレンドが明らかに転換しないかぎり、このトレンドラインが当面の下値や上値のメドとなる。

つまり、上昇トレンドが続いていたときに、市場価格がサポートラインを明確に割り込んだときには「トレンドが下向きに転換した可能性」を、また下降トレンドが続いていたときに、市場価格がレジスタンスラインを明確に上抜けたときには「トレンドが上向きに転換した可能性」を考慮することが必要になるということだ。

チャート2—⑩では、ユーロ／円の日足チャート上に3本（①～③）のトレンドライン（サポートライン）を表示している。

チャート2―⑩
サポートラインを下抜けると下落に転じている！

｜ユーロ／円｜日足｜2007.08～2007.11

チャート提供：ドリームバイザー・ドット・コム

もはや、皆まで説明することはなかろう。

いずれも、市場価格が終値ベースでサポートラインを下抜けた時点から、もはや直前の高値を上抜ける勢いは失われ、一時的にも横ばいから下落に転じている。

なお、**トレンドラインというのは、破られたときを境に、それまでのサポートラインがレジスタンスラインに、レジスタンスラインがサ**

ポートラインへと、その役割が逆転するケースが多い。

チャート2—⑪に見られるユーロ／円の日足チャートでは、１ユーロ＝160.00円前後の水準に市場参加者の心理的な節目があるものと見られる。あるときまでレジスタンスラインと見られていた水準を市場価格が上抜けると、その後はしばらく、同水準が下値をサポートする機能を果たすようになる。もちろん、その逆もまた然りであることは一目瞭然であろう。

トレンドラインを破るということは、従前のトレンドを否定するような材料が新たに噴出したことを示している。そして、それまでのトレンドが否定された以上は、従前のトレンドをあらためて肯定するような価格水準にはなかなか戻らないわけである。

非常に有効なチャネル戦略

ある一定のトレンドが続いているときに、そこに認められるサポートラインあるいはレジスタンスラインを多分に意識しながら形成される価格変動の波は、一定のリズム（＝値幅）で上下動を繰り返すことが多い。

このような動きは、サポートラインの上方、あるいはレジスタンスラインの下方に「それと平行するもう１本のライン（＝アウトライン／チャネルライン）を引く」ことで明確になり、この２本のラインによって形成される一定リズムで価格変動を繰り返すことを「上昇チャネル」あるいは「下降チャネル」と呼ぶ。

チャート2—⓫
レジスタンスラインとサポートラインの役割が逆転

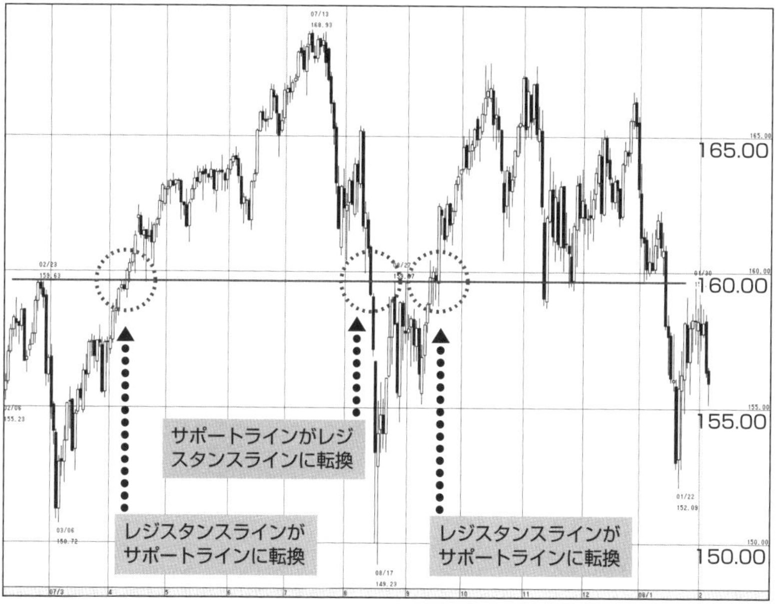

｜ユーロ／円｜日足｜2007.02〜2008.02

チャート提供：ドリームバイザー・ドット・コム

このことは、すでに第1章のチャート1—❼や、1—❽でも実例をもとに紹介しているので、できれば再度確認されたい。

もうお分かりのように、**外国為替相場は狭いレンジが長い間続くことは滅多になく、むしろ強力なトレンドを形成する傾向**がある。そのトレンドは自ずとチャネルを形成し、チャネルはそれまでのトレンドを強く否定するだけの新味がある材料、インパクトの強い材料などが噴出しない限りは続くことが多い。

そのため、ＦＸの投資判断においてもチャネル戦略は非常に有用と考えることができる。

ただ、ここで忘れてならないことは、市場価格がトレンドラインをブレイクしたとしても、それが明らかなトレンド転換には至らず、単に一時的なトレンドの修正に留まるケースもあるということである。

それを、いわゆる「ダマシ」と呼ぶのであれば、そのダマシにできるだけ引っかからないようなルールを自らに課すことが求められる。

そのルールの１つは、第１章の38ページで述べた「頭と尻尾はくれてやれ！」であり、他にも**２日続けて終値がトレンドラインをブレイクしなければトレンド転換とはみなさない「２日ルール」**などがある。

●トレンドラインを応用する

トレンドラインを応用して転換のタイミングを計る手法の１つに「ファン理論」がある。これはチャート❷―⓬に見るような扇（ファン）型トレンドラインを描くことで判断するものだ。

チャート上に見られる07年３月６日安値＝150.72円からスタートした上昇トレンドは、まず①をサポートラインとしてしばらく継続するが、同年５月初旬にサポートラインを下抜け、同年６月13日に161.50円の安値を付けて再び上昇に転じる。

チャート2—⑫
扇形のトレンドライン3本目突破が転換のシグナル

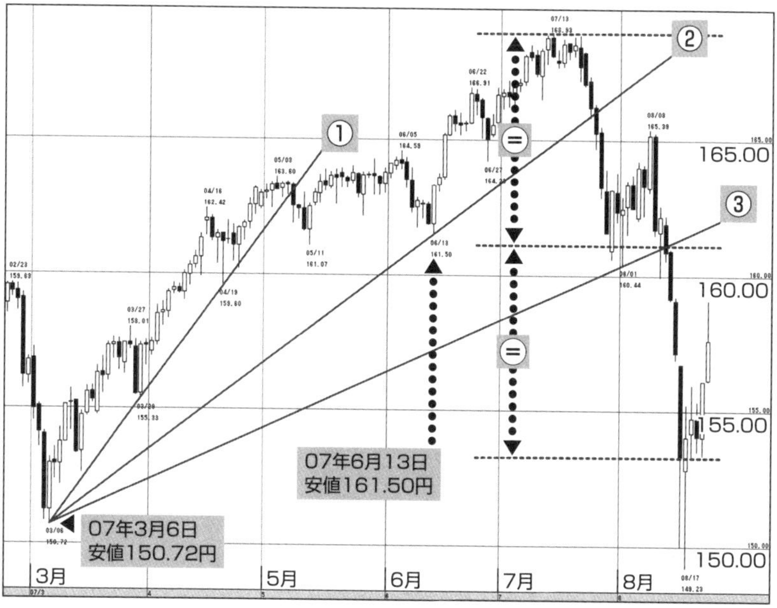

｜ユーロ／円｜日足｜2007.02〜2007.08

チャート提供：ドリームバイザー・ドット・コム

この時点では、なおも中期的なトレンドは上向きであり、あらためてサポートライン②を引く必要が生じる。

その後、しばらくは上昇トレンドが続くが、同年７月25日にはサポートライン②をも下抜け。

この時点では、まだ本格的な中期下落トレンドに転じたとは言い切れず、実際、同年８月１日に安値を付けてからは一時的にも上昇に転じた。ここで、あらためてサポートライン③を引くこととなる。

ファン理論では、基本的に「３本目のライン突破がトレンド転換のシグナル」とされることが多い。もっとも、場合によっては、４本目を引くこともあり、そこはあまり、しゃっちょこばって考えないほうがいいだろう。

実際には、どうだったかというと……案の定、同年８月13日にサポートライン③を下抜けたユーロ／円は、それ以降、いよいよ本格的な下降トレンドに転じることとなった。

ところで、実際に明確なトレンド転換が確認された場合＝トレンドラインが破られたとき、その後の目標値というのは一体どの水準に置けばよいのだろうか。

通常、価格はトレンドラインの反対側にラインとの垂直距離（＝値幅）で見て同じ距離だけ動くことが多い。チャート上では、日中平均値とトレンドラインとの値幅をとった矢印がそれを示している。

ここで、あらためて基本を整理しておくためにチャート❷―⓭に描かれたシンプルなトレンドラインを見ておこう。

見ての通り、ドル／円は07年６月22日に124.12円の高値を付けたあと、05年１月から続いていたサポートラインを下方にブレイク。高値からブレイクポイントまでの値幅は8.20円となった。

ブレイク後の最初の下値メドは、ブレイクポイントから約8.20円下方の水準（＝107.70円）と予想され、結果的には、ほぼ予想通り107円台半ばあたりまで下押ししたあとに反発した。

再び下落に転じてからは前回の安値を下回り、以降はその水準がレ

チャート2―⑬
トレンドライン下方ブレイク後の目標値を予想する

｜ドル／円｜週足｜2004.04～2008.04

チャート提供：ドリームバイザー・ドット・コム

ジスタンスラインに……。次の下値メドは、107.70円からさらに8.20円下方の水準、つまりブレイクポイントから8.20円の２倍下方水準＝99円台半ばと予想でき、おおよそ予想通りの結果となった。

03

フォーメーション分析で相場の急所を狙え！

●相場の転換点に現れるフォーメーション

ときに市場価格は、継続的なトレンドラインと、それに基づくアウトラインによって形成されるチャネルをある時点でブレイクし、そこからトレンドが転換する。

とはいえ、相場の天井圏や底値圏（あとで見れば転換点）ではトレンド転換に確信を持てない市場参加者の気迷いを反映し、俗に言う「転換点保ち合い」という状況がよく確認される。多くの場合、この転換点保ち合いにはいくつかお決まりのパターンがあり、そこではいくつかのフォーメーションが形成される。ここで、あらためて各フォーメーションの特徴について確認しておこう。

＜ダブルフォーメーション＞

チャートを少し遠めに眺めると比較的発見しやすいのは、よく知られる「ダブルトップ（二点天井）」と「ダブルボトム（二点底）」であり、双方をまとめてダブルフォーメーションと称することもある。

ダブルトップ（ダブルボトム）は、1回目の高値（安値）を2回目の高値（安値）が上回らない（下回らない）のが定石とされているが、

チャート❷—⓮
FX投資家を悩ます定石破りのダブルトップ

|豪ドル／円|日足|2007.08～2008.01

チャート提供：ドリームバイザー・ドット・コム

外為相場ではこのパターンはあまり見られず、むしろ2回目の高値（安値）が1回目を上回る（下回る）ケースが多く見られる。そのため、ダブルフォーメーションを見抜くのは株価チャートよりも難しいといえるのかもしれない（89ページ図❺参照）。

チャート❷—⓮は豪ドル／円の日足チャートにおいて、実際に現れたダブルトップの事例だ。

豪ドル／円相場は07年８月17日安値＝86.00円をボトムに、それ以降は同年11月１日高値＝107.79円まで上昇チャネルを形成しており、チャート上のⒶ点、Ⓑ点ではともにチャネルをブレイクする気配は見られない。

サポートライン上のⒷ点で切り返した豪ドル／円は、それから再びチャネルラインを目指して上昇しはじめるが、結局はチャネルラインまで到達することなく下落に転じた（＝Ⓒ点）。

ここから徐々にサポートラインを下抜ける可能性が高まりはじめ、サポートライン下抜け後は、Ⓑ点から時間軸に平行に引いた「ネックライン」をも下抜け、ここで「ダブルトップ」のフォーメーションは完成することとなった。

なお、**ネックラインを下抜けたあとは、セオリー通りにⒸ点からネックラインまでの下落幅と同じ幅だけネックラインから下方にあるⒹ点まで下げている。**

次に、一時的な下落の反動＝リターンムーブの動きが現れるが、そうした動きもⒺ点においてネックラインが抵抗となり、再び下落に転じている。これも非常に特徴的な動きといっていいだろう。

ちなみに、ダブルボトムフォーメーションが前例とはまったく逆の形状となることはいうまでもない。

＜ヘッドアンドショルダーズフォーメーション＞

今度は、ポンド／円のチャート2—⓯を見てみることとしよう。

あらためて週足で表示してみると、そこには「ヘッドアンドショル

チャート❷—⓯
週足で「三尊天井」が完成すると下げはきつい

|ポンド/円|週足|2005.04～2008.04

チャート提供：ドリームバイザー・ドット・コム

ダーズトップ」のフォーメーションがはっきりと浮かび上がってくる(89ページ図❺参照)。

この形状は日本罫線で「三尊天井」と呼ばれ、まったく逆の形状をなすフォーメーションの「ヘッドアンドショルダーズボトム」は、日本罫線で「逆三尊底」と呼ばれる。

いずれも、ダブルフォーメーションと同様にネックラインを明確に破った時点でフォーメーションは完成。つまり、そこでそれまでのトレンドは完全に転換したと判断することができるわけだ。

より詳しく見てみると、05年7月21日安値＝192.72円を付けて以来、上昇トレンドを継続したポンド／円相場はⒶ点で一番目の高値を付けたあと、サポートライン上のⒷ点まで下落し、再びチャネルラインに向けて反転上昇する。

しかし、結局はⒸ点をトップに反落し、ほどなくサポートラインを下抜けて、Ⓑ点から時間軸に平行に伸ばしたネックライン上にあるⒹ点に到達した。

Ⓓ点到達後、終値ベースでネックラインを下抜けることはなく、ポンド／円は再び上昇をはじめⒺ点に到達。その後、反落したポンド／円は一時的な抵抗を見せたものの、ついにネックラインを下抜け、ヘッドアンドショルダーズトップのフォーメーションは完成した。

ネックラインを下抜けてからは、しばらくもみ合い商状が続いており、本稿執筆時点ではなおも下値を試す展開が続いている。

この時点において、当面の目標値はⒸ点からネックラインまでの下落幅と同じだけネックラインから下げた水準（＝矢印と点線で表示）までということになる。

●中段保ち合いのフォーメーションならトレンド継続

前項で見たダブルフォーメーションやヘッドアンドショルダーズフ

図❺
天井と大底を示す2つのフォーメーション

(1)ダブルフォーメーション

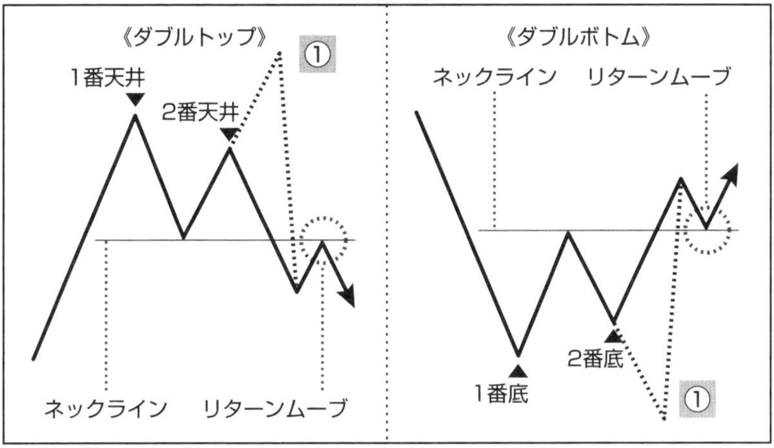

※外為相場では、①のように2番天井（底）が1番天井（底）を上（下）回るケースが多い。

(2)ヘッドアンドショルダーズフォーメーション

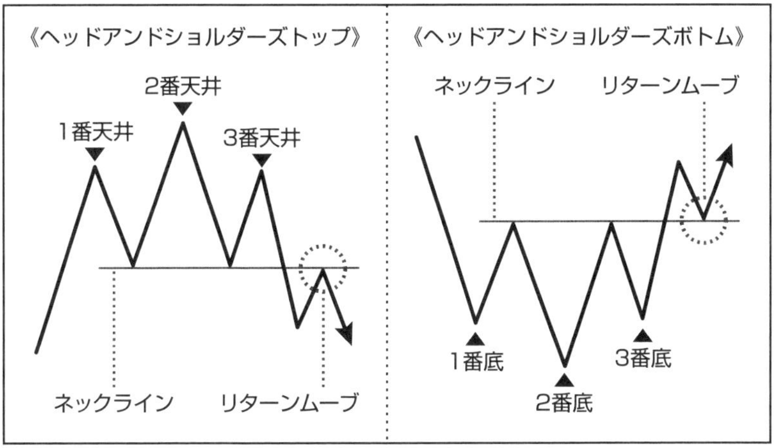

ォーメーションというのは、トレンドのボトムやトップに現れ、その後のトレンド転換を示唆することが多い。こういった反転フォーメーションのことを「リバーサルフォーメーション」と呼ぶこともある。

これに対して、トレンドの重要な反転を示すものではなく、相場の中段に現れて一時的な休止状態を形成するパターンのことを中段保ち合いといい、ときに「コンティニュエーションフォーメーション」と呼ぶこともある。

この中段保ち合いについては、第１章の32ページで実例に基づいて解説をしているので、ここでは簡潔に述べておこう。

チャート2—⑯を見ると、６カ月という比較的短い期間のなかでユーロ／ドル相場に大きく５つの中段保ち合いが形成されていることを確認することができる。

①と⑤は「ボックス型」、②と③は「上昇フラッグ型」、④は「トライアングル型」などと呼ばれる中段保ち合いのパターンであり、いずれのパターンにおいても保ち合い終了後の相場は、保ち合い状態に入る前のトレンドに再び戻ることが多いとされる。

つまり、上昇トレンドの最中に中段保ち合いの商状が現れたときには、後に再び上昇トレンドに向かい、下降トレンドの最中に中段保ち合いの商状が現れたときには、その後再び下降トレンドが継続するということだ。

なかで最もよく見かけると同時に、重要度が高いとされるのはトライアングルフォーメーション。これは俗に「三角保ち合い」と呼ばれ

チャート2—16
中段持ち合い終了後は同じ方向へ向かうことが多い

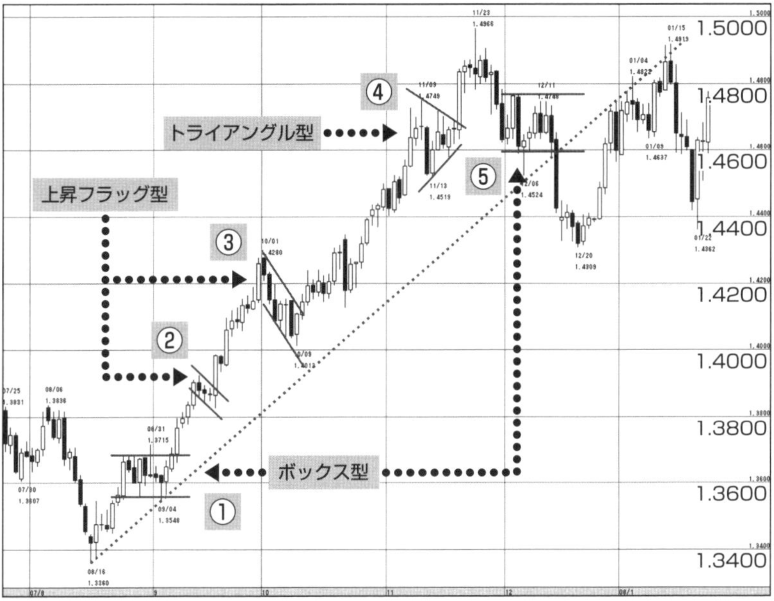

｜ユーロ／ドル｜日足｜2007.07～2008.01

チャート提供：ドリームバイザー・ドット・コム

ているものである。

この三角保ち合いは、その形状から大きく３つに分類される。

まずは「上昇三角形型」で、これは下値が徐々に切り上がる形状をなした強気のフォーメーション。逆に、弱気のフォーメーションとされるのが「下降三角形型」で、これは上値が徐々に切り下がる。

一方、レジスタンスラインとサポートラインが徐々に間隔を狭め、まさに対称三角形を横向きにしたような形状をなすのが「対称三角形型」。

この対称三角形型は買い方と売り方の勢力バランスが拮抗しているが、やはり保ち合い終了後の動きは保ち合い状態に入る前のトレンドが尊重される。

この**三角保ち合いは、三角形の頂点（実際には、保ち合いが始まった地点から頂点に達するまでの間のおよそ４分の３の地点）に達するまでには終了**するため、投資のタイミングも計りやすい。

また、保ち合い状態を続けている間、相場には十分なエネルギーが溜め込まれる（市場参加者の多くが早く仕掛けたくてウズウズする）ことから、その「出口」においては市場価格が大きく動く（長いローソクを描く）ことが多い。

FX

第3章

Foreign Exchange

トレンド分析を応用しよう！

01

投資家の「直感」と「直観」に訴える一目均衡表

実に素晴らしく体系化された道具

これまで見てきた移動平均線、トレンドライン、チャネル、フォーメーションなどに次いで、よく筆者が投資判断のために確認するのは……他でもなく「一目均衡表」（経済変動研究所刊）である。

これはペンネーム＝一目山人こと、故・細田吾一氏が現東京新聞の商況部部長であった昭和ヒト桁台に考案した投資判断のための便利な道具だ。

周知のとおり、テクニカル分析に用いるツールは有名なダウやギャン、エリオット、ワイルダーなど、海外の賢人が考案したものが少なくないが、この「一目均衡表」や「酒田五法」などは日本人が考案したものであり、いまでは世界中の投資家に知れ渡っている――なんと素晴らしく、誇らしいことだろう。

注目したいのは、この一目均衡表が実に素晴らしく体系化された道具であり、具体的には市場価格の形成パターンである「波動論」、ボラティリティの傾向を計る「水準論」、そして時間的な傾向を判断材料とする「時間論」の三論を骨格としていることである。

考案者の山人いわく――「この均衡表とスパンは、いつ、いくらになれば買い、いくらになれば売り、と決定的に教えてくれる（＝これは必ずしも天と底を示すわけではない）」「均衡表に基づく予測は常にできることであり、大いに予測すべきである」――なんとも心強い言葉ではないか。

一番押さえておきたいのは、この**一目均衡表というのは何より「時間分析」に重きを置いている（＝時間的な概念に注目している）**ということ。このことについて山人は、「相場に関係するほどの人は、とかく値段に重点的であり、騰落の値幅に注目するあまり時間がおろそかにされがち」と指摘しながら、時間の重要性を強く訴えている。

小難しい話や一目均衡表の作成に関する詳細は他に譲るとして、とにかく私たち投資家は、この便利で非常によく体系化された道具を有効に活用すべきであろう。

相場というものは、常に買い手と売り手が存在し、いずれどちらかが勝ち、どちらかが負ける。買い手と売り手は、ときに「均衡」の状態を生み出すが、その状態はさほど長くは続かない。

相場は、その均衡が崩れたときに大きく動き、買い手か売り手のどちらかに利益をもたらす。そうした状況を客観的に眺め、いつしか均衡が崩れたときに、その崩れた方向に乗れば、そのように行動した投資家には利益がもたらされる……。ざっくり言えば、これが一目均衡表の基本的な考え方、見方といえばいいだろうか。

なお、この一目均衡表は、いわば「頭と尻尾はくれてやれ！」を基本的な考え方としており、より確実性の高い投資判断を可能とする道具であるということも理解しておきたい。

●相場の基準となる「転換線」と「基準線」に注目

一目均衡表は、チャート❸—❶に表示したようにローソク足と５本の線で構成されている。

５本の線というのは以下のとおり。

【転換線】当日を含む（過去９日間の高値＋安値）÷2

【基準線】当日を含む（過去26日間の高値＋安値）÷2

【先行スパン１】（転換線＋基準線）÷2

【先行スパン２】（過去52日間の高値＋安値）÷2

【遅行スパン】当日の終値を26日前の位置に記す

そして、もう１つ極めて重要な意味を持つのが、「先行スパン１」と「先行スパン２」に挟まれた帯状の部分＝「雲」であり、別名「抵抗帯」とも呼ばれる。

チャート❸—❶を見るに、07年11月半ばから12月半ばにかけてローソク足は長らく「雲」の中に潜り込んで、上にも下にも向かいにくい（上値は先行スパン１に押し戻され、下値は先行スパン２に支えられる格好で）もみ合い商状を続けている。

要は、これら個々の線および雲と市場価格（＝ローソク足）の関係、あるいは個々の線と線、個々の線と雲の関係がどうなっているかによって投資判断の参考とするのが基本ということになるのだ。

まずは、転換線と基準線の関係。互いが交差する状況に注目し、基

チャート3—❶
「転換線」と「基準線」が交差する部分が重要

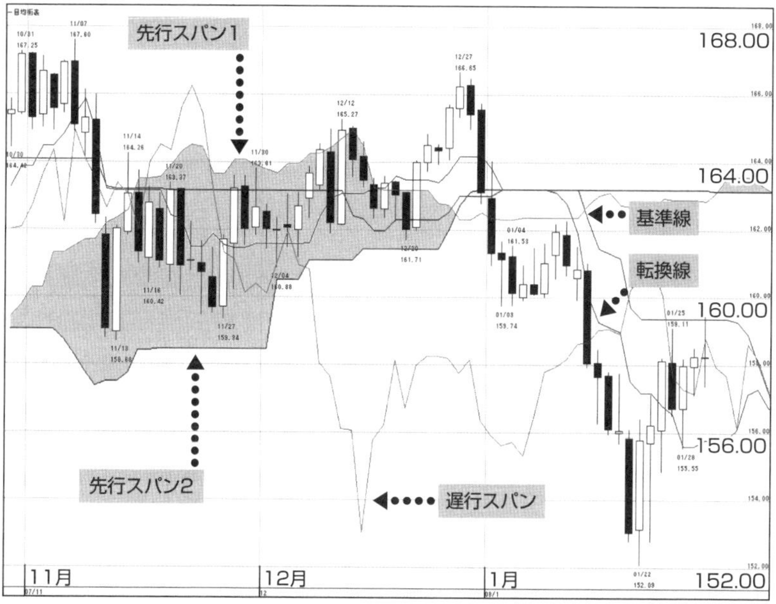

｜ユーロ／円｜日足｜2007.10～2008.01

チャート提供：ドリームバイザー･ドット･コム

本的には以下のように考える。

＊転換線が基準線を下から上に突き抜けると「好転（＝買い転換）」

＊転換線が基準線を上から下に突き抜けると「逆転（＝売り転換）」

ちなみに、仮に転換線が基準線を上抜けても、基準線が上向きに転じていなければ「好転」とはいわない。また、仮に転換線が基準線を一度上回ってから再び下回るような状態にあっても、基準線が上を向いていれば「逆転」とはいわない。

例えていえば、転換線を短期移動平均線、基準線を中期移動平均線と見なし、互いが「ゴールデンクロス」あるいは「デッドクロス」する状況に注目することに似ているといえようか。

次に、基準線のみに注目してみよう。この基準線は過去26日間の(最高値＋最安値)÷２＝中値に注目しており、26日移動平均線とは異なる。

一目均衡表では、この値こそが「相場の基準」と考え、**基準線よりも市場価格が上に位置するときは相場が強く、逆に基準線よりも市場価格が下に位置するときは相場が弱い**と判断する。

加えて、相場が本格的に上昇するためには、基準線の上昇が欠かせないものとし、仮に上昇過程にあっても基準線が上昇していなければ、その上昇過程は短期間に留まると判断される。

また、**上昇相場にあるときには基準線が当面の下値メド、下降相場にあるときには基準線が当面の上値（＝戻り）メド**となる。

ただ、これは相場がある程度、動意づいている場合の判断であって、その動意が薄いときには、転換線が当面の上値、下値のメドとされることもある。

●分かりやすい「雲」と、最も重要な「遅行スパン」

一目均衡表の「雲」は、相場の大きな流れのなかで１つの抵抗帯となるものだ。よって、基本的には以下のように考える。

＊市場価格が「雲」よりも上に位置している場合は、相場が強い

＊市場価格が「雲」よりも下に位置している場合は、相場が弱い

ということは、この「雲」が上昇相場では下値支持、下降相場では上値抵抗となることが多く、この「雲」を上下に突き抜けた場合は、そこが重要な判断のポイントとなる。

つまり、**上昇相場で「雲」を下抜ければ売り転換、下降相場で「雲」を上抜ければ買い転換**となるのだ。なお、この「雲」の厚さにも重要な意味がある。この**「雲」が厚ければ、それだけ過去の相場のしこりが多く、それだけ抵抗の力は強い**ことを示す。逆に、この**「雲」が薄ければ、過去のしこりが少なく、それだけ抵抗の力は弱い**。

また、先行スパン１と先行スパン２は、時としてその位置関係が入れ替わる。これは俗に「ねじれ」と呼ばれ、ねじれが生じたときには、相場に何らかの変化が現れる可能性を意識しておく必要があろう。

一方、現在の市場価格を26日前（当日を含む）の位置に記入する「遅行スパン」も重要なシグナルを発することが多いので見逃せない。考案者の一目山人は「遅行スパンが最も大事」と述べている。

基本的には、次のように判断を下すこととなる。

＊遅行スパンが市場価格を上抜けてくると「好転（＝買い）」

＊遅行スパンが市場価格を下抜けてくると「逆転（＝売り）」

それでは、これまでに確認してきた５本の線と雲、市場価格の関係、そして、その関係が発するシグナルを実際の例で確認してみよう。

●一目均衡表で分かる！　これだけのこと

チャート❸—❷は、07年８月から半年間のカナダドル／円の日足チャートである。

①まず、表示したチャートの左端＝07年８月初旬から８月末ごろまでの日々線だが、これは基準線が上値抵抗となっており、その位置は「雲」の下方にある。つまり、基本的に相場は弱く、なかなか上値を追いにくい状態だ。

②07年８月末から９月半ばまで、基準線と転換線は交錯し、しばらくもみ合いを続けるが、いずれ転換線が基準線を上抜け、基準線自体も上向きに転じる。

③07年９月18日に、遅行スパン（26日前の位置）が日々線を上抜け、同時に日々線は一気に「雲」を上抜け。しかし、その後しばらくは遅行スパンが「雲」のなかに潜り込んでおり、なかなかすんなりと上値を追う展開とはならない。

④07年10月初旬、ついに遅行スパン（26日前の位置）が「雲」を上抜け、上昇に一段の弾みが付く。

⑤07年10月半ばから下旬にかけて、日々線は一時的にも下降局面を迎えるが、最も下押した場面でも基準線が下値支持となり、同水準を下抜けない。いまだ強気相場は続いていると判断される。

チャート3—❷
市場価格の動きが手に取るように分かる一目均衡表

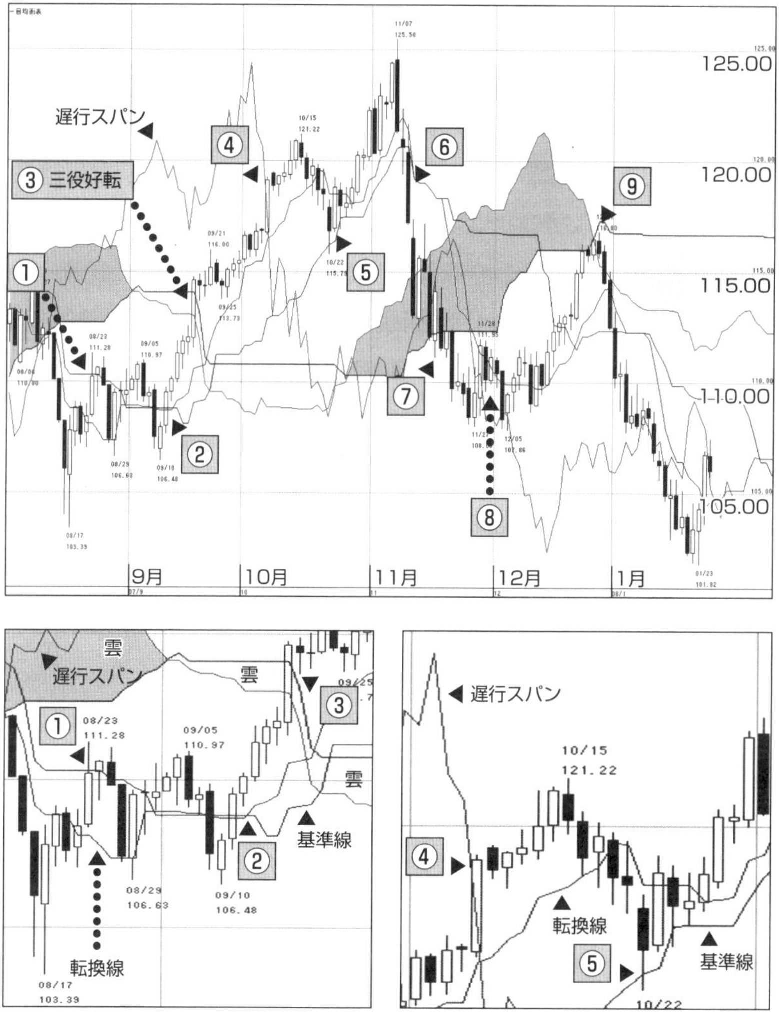

| カナダドル/円 | 日足 | 2007.08~2008.01

チャート提供：ドリームバイザー･ドット･コム

⑥相場は07年11月７日に高値を付けたあと、一気に弱含みの展開へと転じた。11月９日には下降を始めた基準線と転換線が交錯するようになり、遅行スパンは日々線を下抜けようとしている。

⑦ついに日々線は「雲」の中に潜り込み、11月19日には転換線が基準線を明確に下抜けると同時に、日々線は「雲」を下抜け、相場はかなり弱いことが分かる。

⑧07年11月下旬から12月半ばにかけて、遅行スパンが「雲」と交錯する（＝下値支持）と同時に、日々線が転換線と交錯（＝上値抵抗）するようになり、しばらく相場はもみ合う。

その後の展開は、同じように見ていけばいいのだが、何より07年12月27日の高値（⑨）が「雲」にガッチリ押さえられて、その後、下落に転じているというのは、象徴的であるといえよう。

なお、前出の③では、それ以前に転換線が基準線を上抜け（基準線は横ばいから上昇）、遅行スパンも26日前の日々線を上抜けている。おまけに、日々線が「雲」を上抜けており、このように**３つの強気シグナルが伴った状態のことを「三役好転」**と呼ぶ。

これは紛れもなく「買いのポイント」となるわけだが、もうお分かりのように実際の上昇トレンドは、それよりずっと以前からスタートしている。つまり、これまでにも述べてきたように**一目均衡表というのは相場の天井や大底で転換するわけではない**。

ならば、もっと早い段階で買い出動したほうがよさそうに思えるが、

チャート3—2
市場価格は一目均衡表の5本の線に操られる

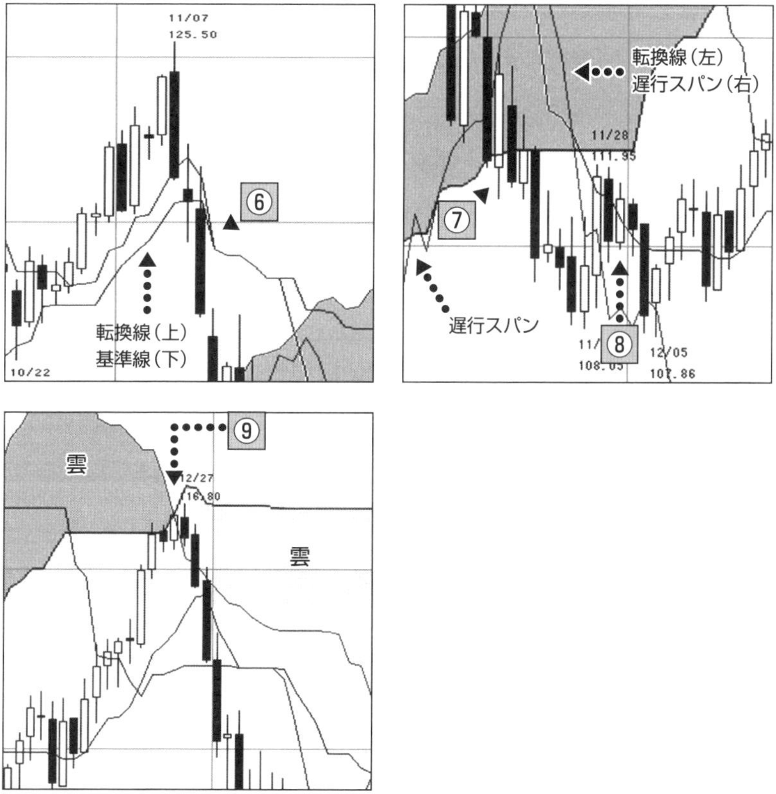

｜カナダドル／円｜日足｜2007.08〜2008.01

チャート提供：ドリームバイザー･ドット･コム

前出の③の動きが現れる前日までは、実のところ、その後も上昇基調が続くかどうかは定かではない。

場合によっては、日々線が「雲」を上限に押し戻され、同時に遅行スパンが日々線を上限に押し戻されていたかもしれないのだ。

何度も言うようだが、**一目均衡表が何より求めているのは「確実性の高さ」である**ということを、あらためて確認しておきたい。

●相場のパターンで転換点を探る

これまで見たように、一目均衡表は非常に素晴らしく体系化された投資判断の道具であり、それは本章の冒頭で述べたように「波動論」「水準論」「時間論」の３論を骨格としている。

この３論は、それぞれに重要な意味を持っており、個々に分解して投資判断に役立てることも十分に有用である。

まずは「波動論」であるが、これはチャート上のローソク足が描く価格変動の波に見られる基本的なパターンに注目したものだ。

この波動論のなかでは、基本的に「Ｎ波（＝基本Ｎ波動）」というチャート上に極めて頻繁に出現する波形が様々な相場の波を構成していると考える。

基本Ｎ波動は「均衡に向かう正しいスタイル」であり、この均衡へ向かう状態は、いずれ当面の高値あるいは安値と見られる水準に達すると、その均衡を崩すこととなる。

そうした「均衡を崩す動き」が現れたときは、少なからず相場が転換点を迎えていることを想定することとなるが、前章でも見たように転換点においては一定の保ち合い状態となることも少なくない。

そんな保ち合い状態に入ったときにチャート上に現れるのが「Ｓ字波（＝Ｓ波動）」であり、上昇相場では図❻のなかの押し目Ⓔが前の

図❻ 一目均衡表を使った目標値の考え方

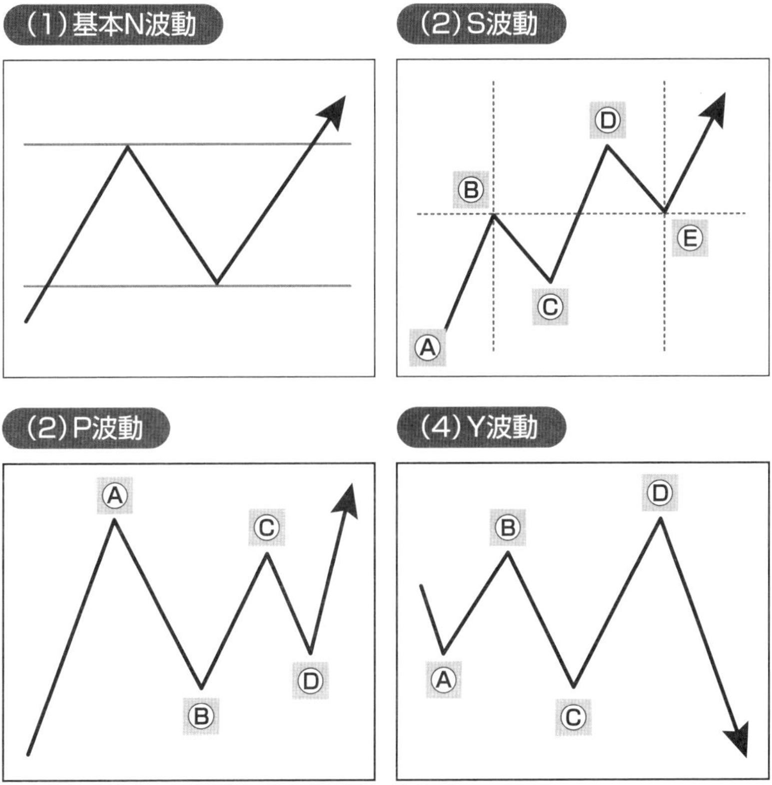

高値のⒷとほぼ同じ水準で下げ止まり、Ⓑ—Ⓒ—Ⓓ—Ⓔを結ぶ線はS字型になっている。このS波動を描いた均衡が崩れたあとには、ある程度、強力な波動が現れるものと予測される。

一目均衡表では、前述の「基本N波動」と「S波動」をすべての基本に、そこから現在の市場価格が置かれた水準や時間を計ることとしている。

つまり、現在の水準や時間から考えて、**今後の市場価格は次に「どの水準で」「いつごろ」転換点を迎えるかを推し量る**わけだ。

なお、基本Ｎ波動の応用パターンとして「Ｐ波動」「Ｙ波動」という波形がチャート上で確認できることも少なくない。

Ｐ波動は一般的に三角保ち合いであるが、いずれ上放れあるいは下放れし、結局はＮ波動のパターンを形成する。図❻でいえば、Ⓑから©およびⒹに至る波動からＮ波動を形成する。

また、Ｙ波動は図❻のなかのⒶ—Ⓑ—©を独立した波動とは見ず、最終的にＮ波動につながっていく過渡期的なものと捉える。

●上値と下値の目標値を予測する

水準論とは、一口にいえば、Ｎ波の到達点（＝目標値）を算出するときの基本的な考え方である。もっとも、Ｎ波動が「均衡に向かう正しいスタイル」であることを前提とすれば、目標値というよりは、均衡値といったほうが正しいのかもしれない。

いずれにしても、その到達点に至ったあと、相場は転換する可能性が高いと考えることができる。実際の投資の現場では、**当面の上値・下値のメドを想定する場合によく用いられる**非常に便利な考え方だ。

とにかく、ここでチャート❸—❸をご覧いただこう。

このユーロ／ドルの日足チャート上には、明確に２つのＮ波動（Ｎ①、Ｎ②）を確認することができる。ここでＮ①のＮ波動を例にその

チャート3―❸
N計算値を使って、論理的に目標値を導き出す

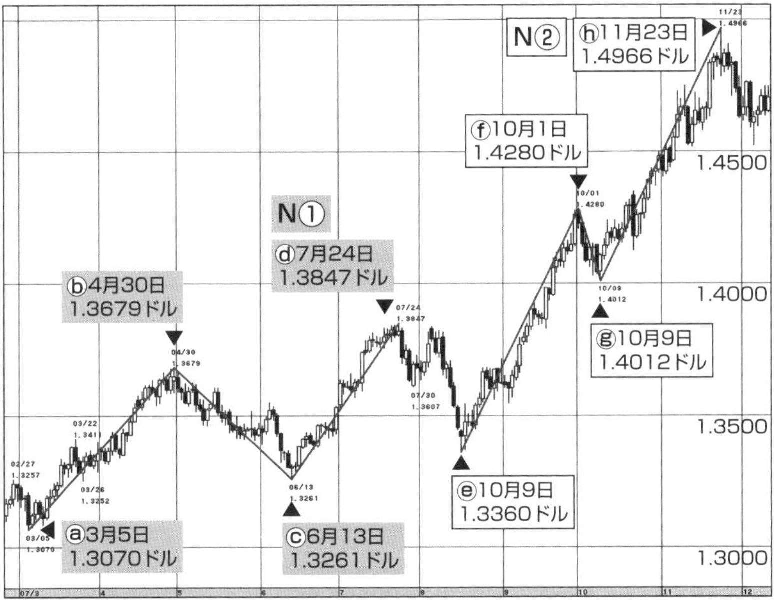

N①（上値の目標）

(ⓑ1.3679ドルーⓐ1.3070ドル)＋ⓒ1.3261ドル＝1.3870ドル

ⓐからⓑまでの上昇幅

ⓓ7月24日高値1.3847に近い

N②（上値の目標）

(ⓕ1.4280ドルーⓔ1.3360ドル)＋ⓖ1.4012ドル＝1.4932ドル

ⓔからⓕまでの上昇幅

ⓗ11月23日高値1.4966に近い

｜ユーロ／ドル｜日足｜2007.02〜2007.12

チャート提供：ドリームバイザー・ドット・コム

形状をよく見ると……ⓐからⓑにかけての上昇幅とⓒからⓓにかけての上昇幅がほぼ同じであることが分かる。

つまり、相場がⓐ―ⓑ―ⓒの波を形成し、ⓒで切り返して上昇に転じたとき、当面の目標値ⓓは（ⓑ－ⓐ）＋ⓒ＝ⓓという計算式によって導き出すことができるわけだ。

こうした計算によって導かれる目標値を「N計算値」と呼び、実際に投資判断を下す場合に非常に便利に使うことができる。

チャート上に見られるもう１つのN波動＝N②においても、その目標値はまったく同様の考え方、計算式で導き出すこととなる。なお、N計算値は下降相場においても同様に用いることが可能だ。

もっとも、チャート上にN波動が確認されたからといって、その目標値を導き出すのに「N計算値」が常に有効とは言い切れない。

場合によっては、N計算値によって導き出された目標値の水準では止まらず、さらにもう一段の上昇（あるいは下落）が続くこともある。

そのような場合には、図❼に見るように「E計算値」「V計算値」、さらには「NT計算値」を用いて当面の目標値を導き出すこととなる。それぞれの計算の仕方は図❼に示したとおり……。

ちなみに、一目山人は**「いたずらに予測値にこだわり、それに固執することは最も危険である」**と述べている。肝に銘じておこう。

図❼
一目均衡表の目標値の考え方（N計算値・E計算値）

（1）N計算値

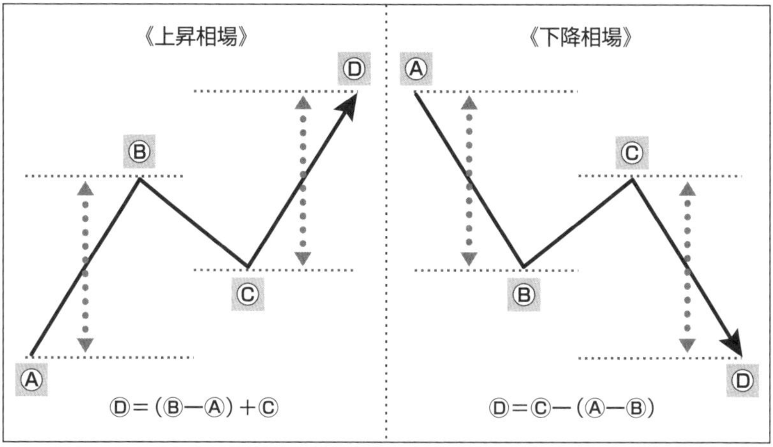

（2）E計算値

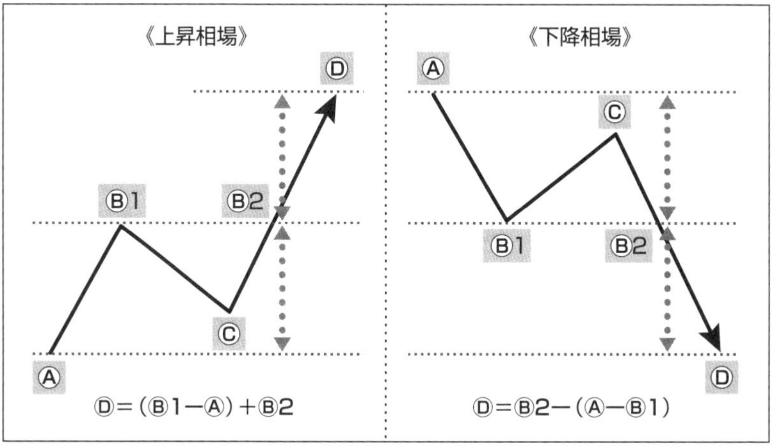

図❼
一目均衡表の目標値の考え方（V計算値・NT計算値）

（3）V計算値

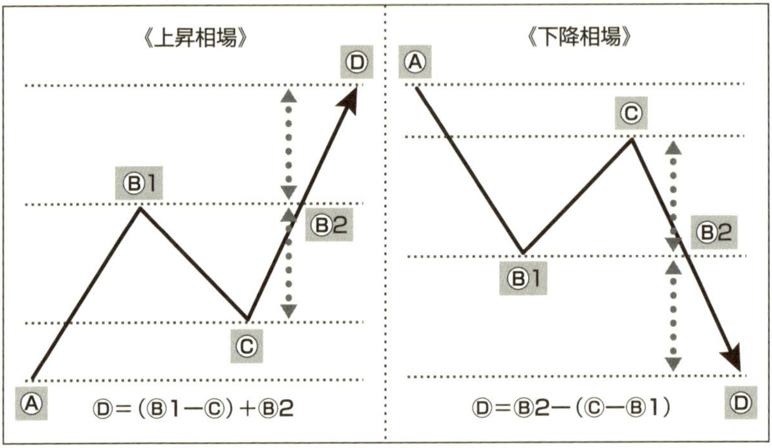

（4）NT計算値

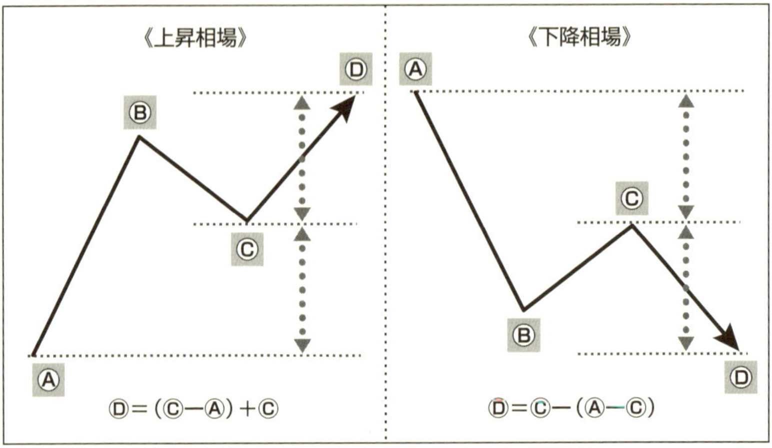

「時間」は「価格」に優先する

前項で「水準論」について述べておいて何だが……、一目均衡表の考え方で最も重要なのは、やはり価格ではなくて時間である。

あくまでも**時間が「主」であって、価格は「客」**。

一目均衡表の「時間論」では、一定の期間（＝時間）をもって相場の均衡にはターニングポイント（＝変化日）が訪れるとしており、通常、変化日は相場が「転換」するときと考える。

仮に明確な「転換」が見られなかった場合は、相場の「延長」あるいは「加速」が見られる。変化日がずれて「延長」が見られたときは、その後の反動が大きくなることにも要注意。

また、変化日までジリジリと下げた相場が転換しないと、変化日から下げが急激になる（＝加速する）ことが多いということも知っておきたい。

なお、上昇相場では「延長」されることが多いが、下降相場では「加速」することが多く、とにもかくにも変化日を境にして、動きに何らかの変化が起こることだけは間違いないとされる。

変化日には２つあって、それは以下のとおり。

①「過去の経験則としての変化日」＝相場自らの主体的かつ能動的時間の影響によって相場に変化をもたらす時間。

②「以前の変化日」＝過去の波動に費やした一定の受動的時間に影響を受けて相場が変化する時間。

前出の①は、一目山人が過去の膨大な資料を研究することによって発見した期間で、一目均衡表では**「基本数値」**と呼んでいる。

基本数値は「9」と「26」を基本に構成されており、これらの数値が基準線や転換線などを計算するときに用いられていることはすでに述べた。他にも、移動平均線やオシレーター系指標の計算期間として用いられるケースが多く見受けられることにお気付きの向きもあろう。

一方、前出の②は、**相場が反転してから次に反転するまでの期間**のこと（＝過去に変化した日数と同じ期間で次も変化するという考え方に基づいているもの）で、一目均衡表では**「対等数値」**と呼んでいる。

この対等数値も構成過程では基本数値に影響されていることから、基本数値にほぼ一致することが多い。

すでに述べたとおり、波動の基本はＮ型。

その屈折点から前の屈折点までの期間を遡って参考とし、次の屈折点（＝変化日）がどの程度の期間で訪れるかを予測するというのが基本となる。

その際には基本数値と対等数値の双方を総合し、より適切な変化日を決めていくこととなるわけだが……双方を照らし合わせつつ、必要がないときは一方を捨ててもよいとされる。

●チャート上にいくつも現れる基本数値

とにもかくにも、実際のチャートをじっくり眺めて、基本数値や対等数値が意味するところを皮膚感覚によって体得していくことが肝要であろうと筆者は考える。

ちなみに、一目山人が長年を費やした研究の結果、導き出した基本数値というのは以下のとおり。

9・17・26・33・42・51・65・76・129・172

週間ベースでは、これらの中間に５・13・21を加えて、**5・9・13・17・21・26・42・52・65週**とする。

いまやネット経由で手軽に入手できる週足チャートだが、その基本設定には13週・26週・52週の移動平均線が用いられていることが多いということも、よく知られている。

これらの数値を実際のチャート上で確認してみることとしよう。

115ページのチャート❸—❹はドル／円の日足チャートで、07年６月22日に124.12円の高値を付けてから、それ以降に描かれた波動のなかで、それぞれの屈折点と屈折点の間の期間をカウントしたものだ。

チャート上Ⓐの高値からⒷの安値までが41日間で、その後の戻り高値Ⓒまでの期間は42日間。ⒶからⒷまでは、基本数値とされる「42」に近く、この数値を一目山人は「極めて有効」「非常に重要で相場の転換期の大部分をマスターすることができる」と述べている。

図❽
一目均衡表の基本数値

《基本数値》 9・17・26・33・42・51・65・76・129・172
《週間ベース》 5週・9週・13週・17週・21週・26週・42週・52週・65週

次に、戻り高値Ⓒから次の安値Ⓓまでが32日間。これも基本数値とされる「33」に近く、この数値について一目山人は「下げ相場の第一波動で極めて適切」としている。

ちなみに、Ⓐ—Ⓑ—Ⓒ—Ⓓによって形成されるN波動の終点Ⓓの水準は前述した「N」「E」「V」「NT」のいずれの計算値でも導き出すことはできない。それでも前の高値から32日後にあたるⒹの時点で変化日を迎えているということは、やはり「価格よりも時間」といわれる所以であろう。

さらに、安値Ⓓから後の高値Ⓔを経て、安値Ⓕに至るまでの期間も基本数値にある42日間。

加えて、Ⓒ—Ⓓ—Ⓔ—Ⓕで形成されるN波動が、合計73日間を要していることも分かる。

これは基本数値とされる「76」に近く、この数値は「一巡（＝ひと相場が終了）」を示唆するものとされる。

チャート3—4
基本数値から相場の転換点を予測する

｜ドル／円｜日足｜2007.04〜2008.02

チャート提供：ドリームバイザー・ドット・コム

なお、116ページのチャート3—5はドル／円の週足チャートを用いて、それぞれの屈折点と屈折点との間の経過週数をカウントしたものである。

見れば分かるように、カウントされた期間はいずれも5・9・17・21・26など、週間ベースの基本数値に極めて近い。

なかでも特に注目されるのは、07年6月高値＝124.12円からその後の安値＝111.57円までの下落相場が9週・41日で転換点を迎えて

チャート3—5
時間論の考え方を加えて、より正確な予測ができる

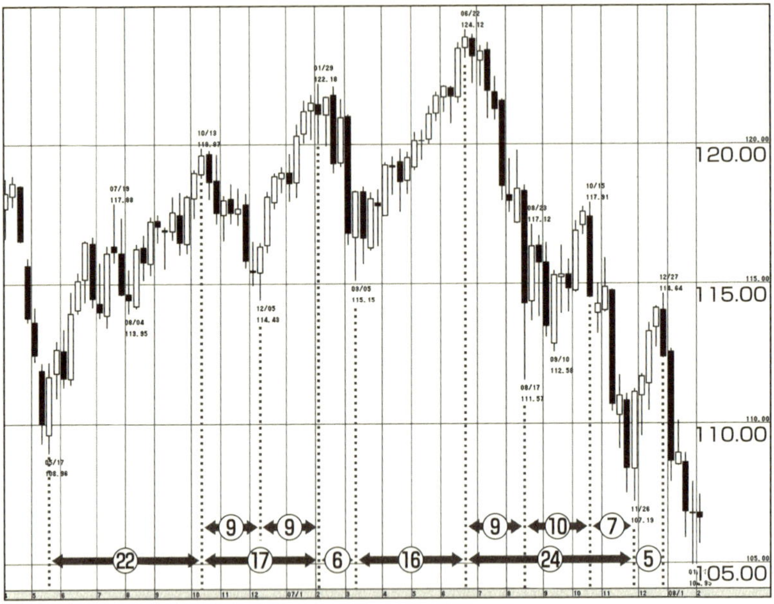

｜ドル／円｜週足｜2006.04～2008.02

チャート提供：ドリームバイザー・ドット・コム

いることであろう。

このときの投資判断については第1章でも詳しく述べているが、そこに時間論の考え方を加えれば、より正確な予測ができたということになるのだ。

さて、ここまで一目均衡表の骨格となる3論について、いろいろと述べてきたが、とどのつまり……一目均衡表というのは、私たちの

「直感」と「直観」に訴えるものであるということが分かってくるだろう。

筆者の個人的な感覚でいえば、まさに「一目《ひとめ》」で分かるから「一目均衡表」なのであろうと思う。

一目均衡表から少し目を離して眺めてみると、そこにはN波動が一定の期間ごとに現れている様が見て取れ、直感的に「そろそろ訪れるのではないか……」と思われるタイミングにちゃんと変化日がやってくる。相場は「投資家という人間」の心理を映すものであるから、それは当然といえば当然である。

一目山人いわく、「均衡表は直観力を高める道具である」。

肝に銘じて有効に活用したいものである。

02

価格面からのアプローチに有効なフィボナッチ比率（＝黄金分割）

●次の上値・下値のメドを予測したい……

一目均衡表の研究で「水準論」について考える項があった。

この考え方ではＮ・Ｅ・Ｖ・ＮＴの各計算値などを用いることで、ある程度の目標値を予測できる場合があると述べたわけだが……。

何度も述べるように、あくまで一目均衡表の考え方は**時間が主体で、価格は客体**。実際に、Ｎ計算値などでは導き出せない価格で転換点を迎えることが少なくないことも検証した。

それでも、やはり投資家にとって最も気になるのは価格。たとえば、いま続いている上昇相場はいくらになるまで続き、そのあたりで決済したら「一体、いくら儲かるのか？」を知りたいのだ。

チャート3—❻は107ページで「基本Ｎ波動」と「Ｎ計算値」を考える際に用いたユーロ／ドルの日足チャートを一部拡大したものだ。

07年８月16日安値＝1.3360ドルを底に同年10月１日まで上昇を続けたユーロ／ドルは、同年10月９日までの調整を経て、再び上昇相場に転換した。この際、確かに次の転換点（＝上値メド）を予測するには「Ｎ計算値」の考え方が有効であった。

チャート❸—❻
フィボナッチ比率で計算したとおりに下げ止まった

Ⓐの部分の上昇幅

②1.4966ドル(2007.11.23)－①1.3360ドル(2007.8.16)＝0.1606ドル

②からの下落幅をⒶの部分の38.2%と想定する

Ⓐ0.1606ドル×38.2%（フィボナッチ比率）＝Ⓑ0.0613ドル

下落から上昇へと反転したポイントを予測すると

②1.4966ドル(2007.11.23)－Ⓑ0.0613ドル＝1.4353ドル

実際に下げ止まったポイントは……　●●●●●●●●●●▶　**1.4309ドル**

｜ユーロ／ドル｜日足｜2007.08～2008.01

チャート提供：ドリームバイザー・ドット・コム

さらに、同年11月23日（高値＝1.4966ドル）に転換点を迎えることは「時間論」の考え方からも予測可能であったといえる。

また、11月23日に転換点を迎えた相場が「時間論」の考え方に基づいて、基本数値の21日後（12月21日あたり）に再び転換点を迎えることも予測はできた。

ただ、その転換点がどの程度の水準（下値メド）になるのか……ということについては容易に予測しがたい。

11月23日に転換点を迎えたことを確認し、ユーロ／ドルの売り（ショート）ポジションを抱えた投資家は、まず12月21日あたりまで下落相場が続くということを予測する。そして、できれば「結果、いくら儲かるのか？」も予測したい。

そのためには別の考え方＝計算方法を用いるのが有効である。

チャート❸—❻にあるように、07年８月16日から同年11月23日までの上昇幅をⒶとした場合、その後の調整幅Ⓑは「Ⓐの38.2％分下押した水準」になるのではないかと、まずは考える。つまり、Ⓐを100とするとⒷは38.2ということになる。

これが、いわゆる黄金分割（＝フィボナッチ比率）に基づく考え方であり、**相場がリターンムーブの展開を見せたときに、次の上値あるいは下値のメドを予測**するときに非常によく用いられる。

●「黄金分割」とは……

すでにご承知の方も多いと思うが、せっかくの機会なので「黄金分

図❾
正五角形の対角線が作る星形五角形＝ペンタグラム

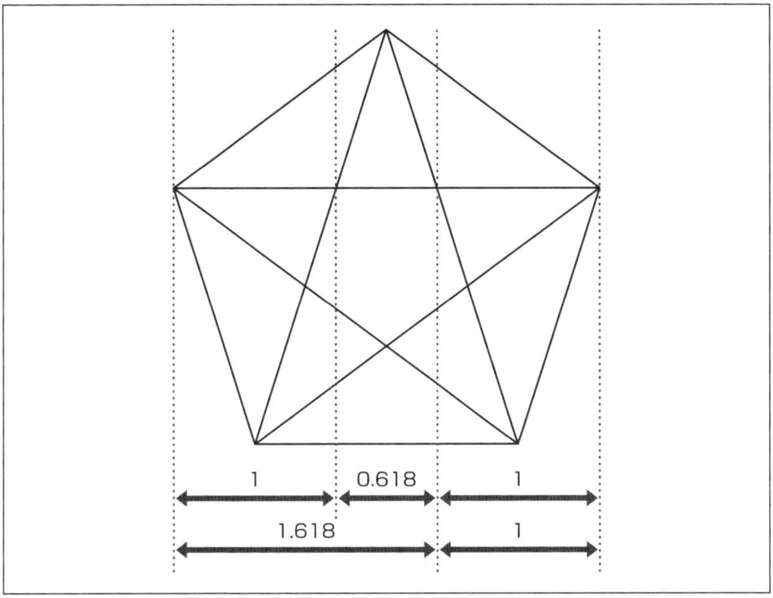

割」について、あらためておさらいしておこう。

黄金分割、別名「黄金比」は古代ギリシア時代に発見されたものとされ、広辞苑には「1つの線分を外中比に分割すること。(√5－1）：2（ほぼ1：1.618)。長方形の縦と横との関係など安定した美観を与える比とされる」とある。

縦と横の比が0.618：0.382となる長方形を「黄金長方形」と呼ぶが、これは名刺やトランプ、書籍などに用いられており、またピラミッドの高さと底辺の比や、パルテノン神殿の正面の高さと幅の比など、数多くの有名な建造物などにも見出すことができる。

最も自然に黄金分割が現れるのは正五角形の一辺と対角線の比であり、交わる対角線同士も互いに黄金分割し合っている（図❾参照）。

正五角形の対角線がつくる星形五角形はペンタグラムと呼ばれ、よく知られるところでは米国防総省の建物＝「ペンタゴン」を上から見た形がそうだ。また、テクニカル分析の応用である「ペンタゴン・チャート」でもお馴染みであろう。そういえば、少し前に大ヒットを飛ばした映画の原作「ダヴィンチ・コード」のなかにも登場していた。

なお、もともと黄金分割は自然界に多く見られるものであり、花弁やオウム貝、ヒマワリの種の配列などにも見られる。さらに、個人差はあるものの中指と手のひらの長さの比などにも発見できる。

●価格予測のために使いこなしたい「5つ」の数値

この黄金分割をより多様に表現するのが「フィボナッチ数列」だ。

フィボナッチというのは、13世紀のイタリアの数学者、レオナルド・ピサノの通称。彼の父親が「ボナッチオ」という名前であったことから「ボナッチオの息子」という意味を表す言葉を縮めてフィボナッチとなった。

彼が著した「計算の書」のなかには、有名な「ウサギ算」の問題があり、これがフィボナッチ数列の原点。最初１ペアであったウサギから定期的に２匹（ペア）の子が産まれるとして、ウサギのペアの増え方がどうなるかを考えると……その数は以下の通りとなる。

1・1・2・3・5・8・13・21・34・55・89……

この数列に登場してくる数字は、自然界にも頻繁に見られる。よく例えられるのは太陽に向かって咲くヒマワリの花であり、その花びらは34枚あるいは55枚であることが多い。

また、花の中心に見られる螺旋の配列は、多くの場合、55本と34本で構成されており、大きな花の場合は89本と55本、小さな花の場合は34本と21本になっている（そうでないと、配列がガタガタで隙間だらけになってしまう）。

考えてみれば、人間の手足の指は５本あり、親指以外の指は２つの関節によって３つの部分に分かれている。聞けば、ファッションの世界でも８：５の比率というのは重要だそうで、さらに作曲の世界でも曲全体や１つのフレーズに黄金分割・フィボナッチ数列を応用した技法が用いられることは少なくない。

これは蛇足だが……先日、家の近所のコンビニに行ったら「黄金比率プリン」というデザート菓子が売られていた。

メーカーによれば、おいしさを科学的に分析し、誰もが美味しいと感じる「黄金比率」を見つけ出したのだそうだ。ちなみに、容器のフタの部分には星形五角形がデザインされている。

なお、フィボナッチ数列に出てくる数字をよく見ると、最初の２つを除けば、それぞれの数字の前の数字に対する増加率は1.618にだんだんと接近していくことが分かり、連続する３つの数字の比率は

0.618：1：1.618となることも分かる。

さらに、この数列のなかで1つおきの数字の比率は、数が大きくなるに従って、2.618あるいはその逆数の0.382（0.618の2乗は0.382）に近づく。たとえば、「89」は「34」の2.617倍であり、その逆数は「1÷2.617＝0.382」となる。

そもそも、1を黄金分割すると「0.618：0.382」、0.618部分を黄金分割すると「0.236：0.382」という数値が得られ、最初の1は「0.236：0.382：0.382」に分割することもできる。さらに、ここから「0.236：0.764」という比率を導き出すこともできるのだ。

ここに登場した数値を応用した**「61.8%」「38.2%」「1.618倍」「1.382倍」などがフィボナッチ比率**。さらに、**派生比率として「23.6%」「76.4%」**が用いられることもある。

加えて、テクニカル分析でよく使われる**3分の1押し（＝33%）や半値押し（＝50%）、3分の2押し（＝67%）、全値戻り（＝100%）なども、「1と2」や「1と3」「2と3」**など、特定のフィボナッチ数から得られる比率である。

●「戻りの考え方」をマスターして投資の精度を高める

これまで見てきたように、黄金比やフィボナッチ比率は実に多くの自然現象や古くより人類が成し遂げてきた様々な業などの随所に見つけることができる。

「ということは……同じようなことが市場価格の変動、相場の中にも見つけられるのではないか」「黄金比やフィボナッチ比率が相場の将来展望と投資判断に有用なのではないか」と考えたのが、テクニカル分析の歴史において大いなる偉業をなしたラルフ・ネルソン・エリオットというアメリカ人。かの有名な「エリオット波動論」を考案した人物だ。

彼はマーケットで起きる価格変動も広い意味で自然現象の１つと考え、その動きのなかにフィボナッチ比率に従う普遍的なパターン（＝理論）が見出せないかと考えたわけである。

エリオットによる研究の結果、見出された理論は「価格」と「時間」の双方に応用できる。ただし、どちらかというと「価格」のほうが信頼できるということは特に押さえておきたい。

それでは早速、フィボナッチ比率の具体的な使い方について見ていくこととしよう。まず、最も代表的で多くの投資家に知られる使い方が「リトレースメント（＝戻り）」。

たとえば、これは上昇相場がしばらく続いたあとに転換点を迎えて下落相場に転じたとき、当面の下値（戻り）メドを推し量る場合によく用いられる。もちろん、逆に下落相場が続いたあとに転換点を迎えて上昇相場に転じたとき、当面の上値（戻り）メドを推し量る場合も同様だ。

このことは、先に見たチャート❸—❻においても確認できる。

チャート上の上昇相場が下落に転じたあと、それまでの上昇幅＝Ⓐに対してちょうど38.2％分（＝Ⓑ）下押したところで、相場は再び転換点を迎えた。

同じように、チャート❸—❼を見てみると、チャート上②の下落幅は①の上昇幅の61.8％に近い。また、③の上昇幅は①の76.4％に近い。さらに④の下落幅は②の下落幅の1.618倍に近い。

これは単なる偶然とはいえないだろう。

●エリオット波動論を使って、相場のシナリオを描く

ここで、簡単に「エリオット波動論」について言及しておかねばなるまい。この理論は、他の多くのテクニカル分析ツールがトレンドに対して多分に受動的（＝後追い気味）であることと比較して、非常に能動的であるという点に何よりの優位性が認められる。

エリオットは「人間の感情の起伏には一定のリズムがあり、人間の感情を移すマーケットの動き（相場）には予測可能な波動パターンがあるはずである」と考えた。

そのパターンとは、**強気相場が継続している場合、その波動からは３つの大きな上昇波と、その上昇波よりも小さな２つの下降波を見出すことができ、その強気相場は合計５波動で形成される**というもの。なかで奇数の波動＝１・３・５波は「衝撃波」、偶数の波動＝２・４波は「修正波」と呼ばれる。

また、**５波動の強気相場が完了すると、今度は３波構成による弱気相場が生じる**という一種のパターンも見出している。これはＡ波、Ｃ波という下向きの２波動とＢ波という上向きの１波動で完成する。

要するに、エリオット波動論というのは「上昇５波＋下降３波」で

チャート3—7
フィボナッチ比率どおりに相場が転換している

①の上昇幅＝121.37円(05.12.5)－101.67円(05.1.17)＝19.70円

19.70円(①の上昇幅)×0.618(フィボナッチ比率)＝12.17円

②の下落幅＝121.37円(05.12.5)－108.96円(06.5.17)＝12.41円

---

③の下落幅＝121.37円(05.12.5)－108.96円(06.5.17)＝12.41円

12.41円(②の下落幅)×1.618(フィボナッチ比率)＝20.08円

④の下落幅＝124.12円(07.6.22)－104.95円(08.1.23)＝19.17円

| ドル／円 | 週足 | 2004.09～2008.01

チャート提供：ドリームバイザー・ドットコム

1サイクルと定義したもので、その基本形は図❿に示している。

なかで1波・3波・5波・A波・C波が、メイントレンドと同じ方向の波で、これらはさらに小さな5つの波で構成されている。

一方、2波・4波・B波はメイントレンドと反対の方向となる波であり、それぞれにさらに小さな3つの波で構成される。これも図❿に示したとおりだ。

ちなみに、エリオット波動論はすぐれて完成度が高い理論ではあるものの、それを実際の価格変動に当てはめる段になると、一体どの時点からカウントを始め、どの時点までを明確に1つの波とするかを決定付けるのは意外に難しい。

ともすると、「こういうふうにも読めるが、ああいうふうにも読める」という場面に遭遇しがちであり、肝心の投資判断に活かすことができないというジレンマに陥ることもないではない。

その意味では、常に「メインシナリオ」とは別に1つから複数の「サブシナリオ」を用意しておくことは重要。

そうしておけば後々、どのシナリオが最も有効であったかは自ずと見えてくるし、そうすれば必ずや次につなげていく（＝より確実性の高い相場展望に行き着く）ことができるはずだ。

●波の長さ（値幅）に見る比率

エリオット波動論について簡単に見たところで、ここからは再びフ

図⑩
エリオット波動の基本パターン

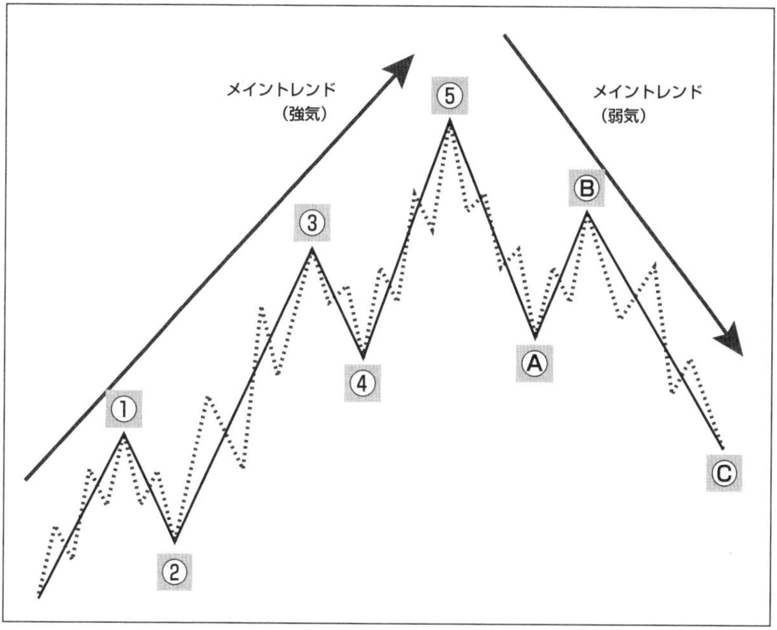

ィボナッチ比率の活用法について考証を進めることとしよう。

一般に、エリオット波動論でいう第３波の長さ（値幅）は第１波の1.618倍の長さとなり、第５波は第１波と同じ長さになることが多いとされている。

ただし、第３波が第１波の1.618倍より拡大した場合は、２倍もしくは2.618倍が適用される。いずれにしても、１・３・５波のなかで第３波が最短になることはない。

チャート3—8は、2000年の10月安値＝88.96円から07年７月高値＝168.93円までを示したユーロ／円の月足チャートで、ここにエリオットの５波動が認められるのではないかというシナリオを描く。

第１波の長さは24.73円となっており、第２波の長さは第１波の約50％（半値押し）となっている。次いで、第３波の長さは41.61円となっており、これは確かに第１波の1.618倍に近い。

第４波の長さは本来、第３波の38.2％になることが多いが、実際には10.98円で、むしろ第３波の23.6％に近い。

なお、第５波の終点が07年７月高値であるとすると、その長さは38.32円となり、これは第１波と同じというよりも第１波の1.618倍に近い。仮に、第１波と同じ長さであったとすると155.35円になり、この水準は後に形成されているかに見えるダブルトップのネックライン水準と等しい。

やはり、この水準も１つの「節目」と捉えることができるだろうか。なお、セオリーによると第５波の長さは、第１波の始点から第３波の終点までのネットの長さに対して61.8％となることもあるとされている。

また、弱気トレンドに転換した場合のＡ波とＣ波の長さは同じになるか、Ａ波の1.618倍がＣ波となる場合が多い。

チャート3—8
エリオット5波動をフィボナッチ比率で裏付ける

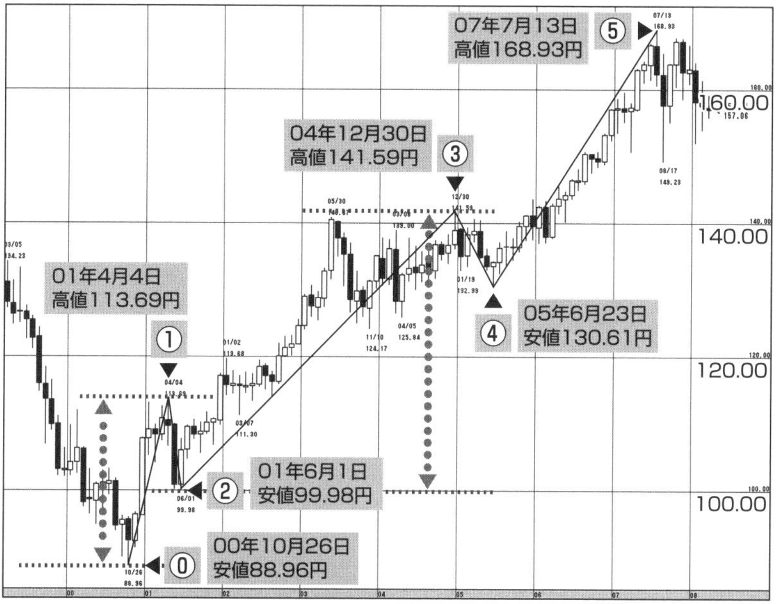

⓪から①までの上昇幅

①113.69円（2001.4.4）−⓪88.96円（2000.10.26）＝24.73円

②から③までの上昇幅

③141.59（2004.12.30）−②99.98（2001.6.1）＝41.61円

24.73円×1.618（フィボナッチ比率）＝40.01円

「⓪から①までの上昇幅」と
「②から③までの上昇幅」の比率 ●●●●●●●●●●▶ 1：1.618に近かった！！

｜ユーロ／円｜月足｜1999.03〜2008.01

チャート提供：ドリームバイザー・ドット・コム

●フィボナッチで「時間」を計る

フィボナッチは「時間」の面でも適用が可能であるとされる。

たとえば、過去の天底から数えてフィボナッチ数に相当する日や週、または月が経過すると、そこで重要な転換点を迎える。あるいは、転換点を迎えるまでに市場価格が形成する波の数が「21」や「13」などフィボナッチ数に一致する……。

さもなければ、天から底に至った期間（下落局面）と、底から次の天に向かった期間（上昇局面）との互いの比率が、フィボナッチ比率と近い関係にあるといった見方（フィボナッチの使い方）をすることもある。

チャート3―9は、ユーロ／ドルの週足チャートにおいて確認される天から底に至るまでの期間と、その底から次の天までに至る期間(＝週の数）にフィボナッチ比率を見出すことができることの実例である。

04年12月末に付けた高値から05年11月半ばに付けた安値までの経過期間は47週で、これは必ずしもフィボナッチ数とは一致しない。

ただ、その安値から次の高値（＝06年6月初旬）を付けるに至るまでの期間は30週（≒47週×0.618＝29週）で、そこからは1：0.618に極めて近い比率を導き出すことができる。

さらに、同じ安値（05年11月半ば）から次の節目＝04年12月末の高値と同水準に至るまでの期間は77週となっており、これはほぼ47の1.618倍になっている。

チャート3—9
天底の期間にフィボナッチ比率を当てはめる

|ユーロ／ドル|週足|2004.08～2008.02

チャート提供：ドリームバイザー･ドット･コム

ただ、筆者の個人的な感覚でいうと、時間面からのアプローチは前述した一目均衡表の「時間論」に基づく基本数値や対等数値のほうが、外国為替相場の将来予測には適しているように思われる。

時間の予測に関していえば、エリオット波動論の考え方はあくまで補助的に使うに留めるのが賢明といえそうだ。

かいつまんでいうと**「時間面からのアプローチは一目均衡表、価格面からのアプローチはフィボナッチを活用するのが基本」**ということになろうか。

また、一目山人が指摘している通り、やはり**「時間」は「価格」に優先する**ということも、あらためて確認しておきたい。

なお、一目均衡表の「時間論」の考え方の項で「上昇相場では延長されることが多く、下落相場では加速することが多い」と記しているのだが､これはまさに外国為替相場の動きにピッタリくる感じがする。

それは、株式相場などよりも外国為替相場のほうが「よりトレンドが重視される」ことの裏返しなのではないだろうか。相場が天に向かって上昇しているとき、トレンド重視志向の強い外為プレイヤーはなかなか従前のトレンドから離れることができない。

結果、上昇相場は延長し、そこに見られる「時間」や「価格」はエリオット波動論の基本的な考えから導き出される目標を超えてしまうことがままある。

繰り返しになるが、外国為替相場は他の市場に比べてトレンドが強く出やすい。そのため、他の市場を分析する場合とは多少違って、いわゆるオシレーター系指標の使い方が難しい。

詳しくは次章で述べることとするが、個人的には外為市場分析、投資判断においてオシレーター系指標を使うことはあまりない。

FX

第4章

Foreign Exchange

トレンド分析を補完する手法

01

スーパーサブとして活用するオシレーター系指標

●レンジ相場でこそ威力を発揮するオシレーター系指標

外国為替相場というのは、狭い取引レンジが長く継続することが非常に少なく、**強力なトレンドを形成する傾向が強い**。

だからこそ、外国為替市場は「テクニカル分析に最適な市場」といえるのだが、テクニカル分析を大きく「トレンド系」と「オシレーター系」の２つに分けた場合、やはり投資判断の現場では「トレンド系」の有用性のほうが圧倒的に高いことは間違いない。

テクニカル分析に関わる数々の解説書には、多くの場合、オシレーター系指標の解説にこうある。

「オシレーター系の分析手法を用いれば、相場が現在、買われすぎの状態にあるのか？　売られすぎの状態にあるのか？　といった相場のモメンタム（＝勢い）が分かるといわれる。よって、相場が反転するポイントを探すのには最適といえるだろう」

「オシレーター系のテクニカル指標で注意することは、トレンドがしっかりできたときにオシレーターが有効なシグナルを発しないということ。特にオシレーター系が有効な相場は、ある一定のレンジで相場が上下動を繰り返すボックス相場である」

ということは、トレンドをしっかり形成する傾向が強い外国為替相場の分析に、オシレーター系はあまり向かないということになろう。

相場が反転するポイントを探すのであれば、これまでトレンドを見てきたように、移動平均線やトレンドライン、チャネル、一目均衡表、フィボナッチなどの分析手法を使えばよいのだ。

そもそも、外国為替市場はこの世で最も流動性の高い市場であり、その出来高の大半はインターバンク（銀行間取引）市場を通じて取引されている。

そして、銀行の為替ディーラーやトレーダー、ストラテジストなどが様々な観点から外国為替相場を分析し、相場展望・予測に関わるコメントを発したりしているのだが……。彼らのコメントのなかに「オシレーター系」が登場することは極めて少ない。

筆者も個人的に、投資判断の現場でオシレーター系を重要視することはあまりない。まったく参考にしないということではなく、あくまで補完的な情報として上手く（＝ある程度、割り切って）付き合っていけばいいと考えている。

とはいえ、完全に無視するわけにはいかないのも事実であり、次にいくつかのオシレーター系指標を挙げ、その上手な使い方、付き合い方を考えてみることとしたい。

●週足での行き過ぎのシグナルこそ信頼性が高いRSI

ＲＳＩ（Relative Strength Index）は、直近の一定期間において終値ベースで上昇変動と下降変動のどちらの勢いが強いかのかを計測しようとするものだ。

一定期間というのは、日足で９日から30日、週足で９週から30週くらい。その間の値上がり幅の平均と値下がり幅の平均の合計に対する値上がり幅の平均の値をパーセントで表す。つまり、終値ベースで値上がりしかしなかったときは100％、値下がりしかしなかった場合は０％ということになる。

その基本的な考え方は「急激な変化は修正される」というもので、ＲＳＩに見る30％（または20％）以下の水準は売られすぎ、70％（または80％）以上の水準は買われすぎの状態と判断し、そこを相場反転の目安とする。

日足では、ときに80％や20％程度まで振れることもあるが、**週足では30％以下や70％以上になることは滅多にない**とされ、そうなったときは、**相当に明確なシグナル**として使える……というのが基本的な考え方となる。

チャート**4**－❶を見ると、チャート上の①と④の時点でＲＳＩは30％を下回っており、そこが相場の底となっている。また、チャート上②、③、⑤の時点でＲＳＩは70％を超えており、そこが確かに相場の天井となっている。つまり、①と④が「買い」シグナル、逆に

チャート4—❶
強いトレンドが出ているときのRSIは機能不全に

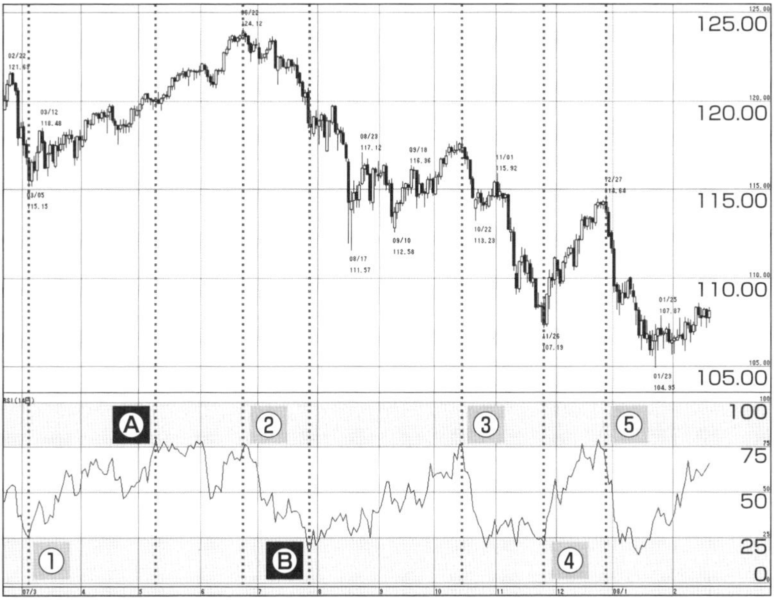

｜ドル／円｜日足｜2007.02〜2008.02

チャート提供：ドリームバイザー・ドット・コム

②、③、⑤が「売り」シグナルとして機能したわけだ。

しかし、チャート上Ⓐの時点ではＲＳＩが70％を超え、その後しばらく数値の高止まりが続いている。仮に、これを「売り」シグナルと認識した場合、それは結果的に誤りとなった。同様に、チャート上Ⓑの時点ではＲＳＩが30％を下回っており、それを「買い」シグナルと認識した場合、結果的には誤りとなった。

よく見れば、Ⓐは上昇トレンドが継続中、Ⓑは下降トレンドが継続中であるときに現れたＲＳＩによるシグナルであり、このように強いトレンドが出ているときにはＲＳＩが機能不全に陥ってしまう。

RSIの「逆行現象」から基調転換を見極める

ＲＳＩは**「逆行現象（＝ダイバージェンス）」**が時折現れることにより、それによって相場が転換する可能性を事前に予測することができるオシレーター系指標であるとされる。

ダイバージェンスとは、**天井圏あるいは底値圏でのテクニカル指標の動きと実際の市場価格の動きが逆行し、その後に相場の基調が大きく反転する現象**である。

チャート❹−❷を見ると、スイスフラン／円レートが上昇を継続しているにもかかわらず、同じ期間のＲＳＩが数値を低下させている期間、あるいは逆にスイスフラン／円レートが下落を続けているにもかかわらず、同じ期間のＲＳＩが数値を切り上げている期間を見出すことができる。

もちろん、ローソク足というのは四本値で構成されており、ときに非常に長い上ヒゲや下ヒゲを伸ばすことがある。たとえば、07年8月16日、17日のドル／円、クロス円のチャートを見ると、いずれも非常に長い下ヒゲ（チャート❹−❷上①）を確認することができる。

一方、ＲＳＩの計算は終値がベースであるため、ＲＳＩはあまり低

チャート4—❷
逆行現象後には明らかな基調転換が見られた

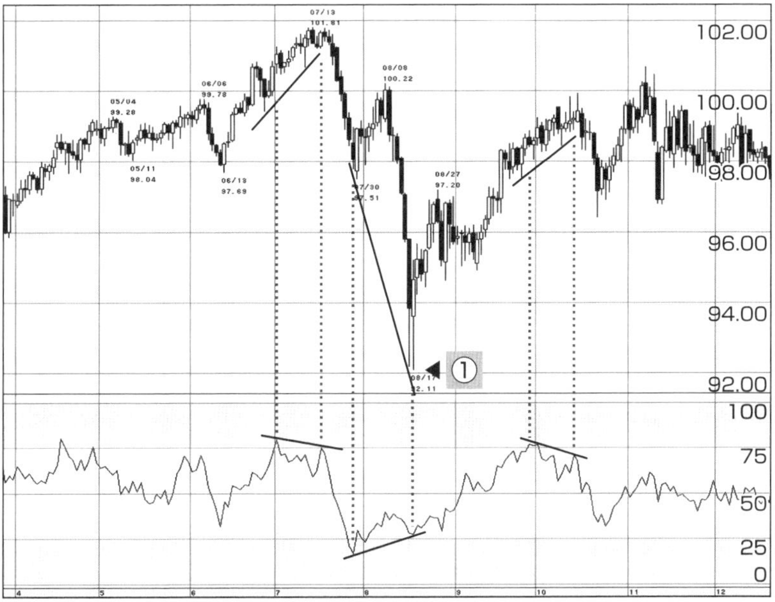

｜スイスフラン／円｜日足｜2007.03～2007.12

チャート提供：ドリームバイザー・ドット・コム

下していないのに、ローソク足で見るとやけに下げた感じがするということもある。実際、07年８月17日のドル／円、クロス円の日足はローソク足で見ると非常に長い下ヒゲを伸ばしたうえに、実体部分が長い「陽線」になっている。つまり、ＲＳＩの計算上はプラスに作用している。

なお、株式相場の分析においては（銘柄にもよるが…）、このダイバージェンスが現れることも少なからずあるが、外国為替相場の分析においてダイバージェンスが確認できる機会は比較的少ない。

いずれにせよ、ＲＳＩやダイバージェンスを確認しなくても他の分析手法によって相場の転換点はいくらでも予測できる。

それはこれまでいろいろ見てきたように、「移動平均線と時価の位置関係」「計算期間が異なる複数の移動平均線の位置関係」「チャネルと時価の位置関係」「波動論・水準論・時間論によって導き出される転換点や変化日」「フィボナッチ比率によって計算される値幅」などなど……。

まずは、これらの**トレンド系のテクニカル分析手法で相場の転換点を予測し、そのうえで補完的にオシレーター系の指標を参考材料にする**というのが、あるべき姿であろう。

別に毛嫌いしているわけではないが、個人的な感覚からいうと、少なくとも**ＲＳＩなどのオシレーター系指標が発するシグナルだけで投資判断を行うのは避けたほうが無難**ということになろう。

●判断を機械的に行うことができるストキャスティクス

ストキャスティクスは、一定の計算期間内における価格の範囲（期間内の最高値－期間内の最安値）と市場価格の終値の位置（終値－期間内の最安値）を比較するもので、具体的には「％Ｋ」「％Ｄ」「ＳＤ」という３種類のラインによって構成される。

実際には、そのうちの２本を組み合わせることで２種類の指標として使うことができる。
「％Ｋ」と「％Ｄ」の組み合わせはファスト・ストキャスティクス、「％Ｄ」と「ＳＤ」の組み合わせはスロー・ストキャスティクスと呼ばれており、市場の価格変動により敏感に反応するのはファスト・ストキャスティクスの方である。

一般に、**２本の線がクロスする点を売買のシグナルとすることで投資判断を機械的に行うことができる**という点では、主観や経験に左右されることが少なくないＲＳＩよりも、一般投資家には使いやすい指標といえるかもしれない。
なお、ストキャスティクスの見方は以下のとおり（図⓫参照）。

①％Ｋと％Ｄの水準が０％に近づけば売られすぎ、100％に近づけば買われすぎと判断する。ＲＳＩと同様に30％（あるいは20％）以下、70％（あるいは80％）以上で逆張りのシグナルとする。

②％Ｋラインが％Ｄラインとクロスし、％Ｋが％Ｄを下から上に抜けるときを買いシグナルとする。逆に、％Ｋが％Ｄを上から下に抜けるときを売りシグナルとする。「買いは30％（あるいは20％）以下の水準、売りは70％（あるいは80％）以上の水準でシグナルが出たときだけ有効」などとすると確実性は高まる。

③市場価格が高値を更新しているにもかかわらず、ストキャスティクスの数値が前回の高値を超えられないときは、近いうちに相場が反落に転じるシグナルとなる。逆に、市場価格が安値を更新してい

図⓫ 確実性の高い「買いシグナルと売りシグナル」を狙う

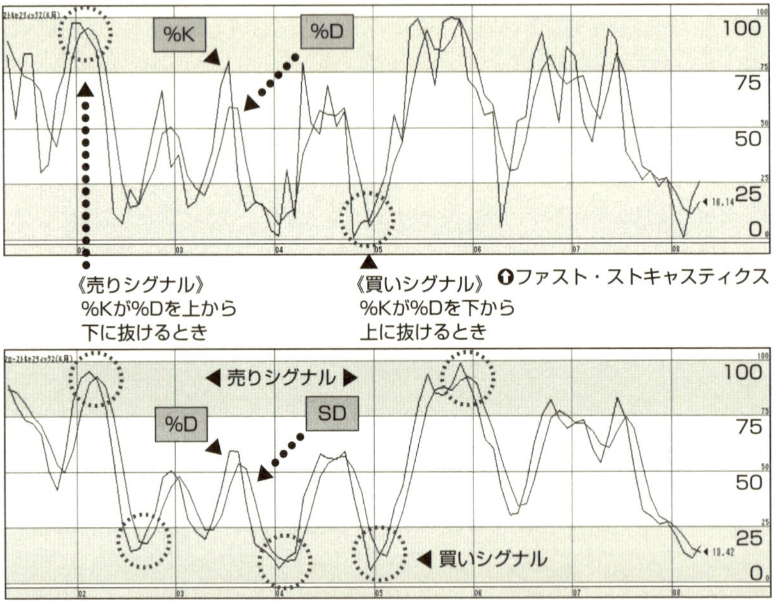

⬆スロー・ストキャスティクス

| ドル／円 | 月足 | 2001.04〜2008.04

チャート提供：ドリームバイザー・ドット・コム

るにもかかわらず、ストキャスティクスの数値が前回の安値を下回らない場合は、じきに底入れ・反発するシグナルとなる。

チャート❹ー❸では、ユーロ／円のチャートにファスト・ストキャスティクスをシンクロさせており、丸印（実線）で示したいくつかのポイントにおいては、確かに有効な売買シグナルとして機能している。

しかし、楕円（点線）で示した部分については、ハッキリ言ってよ

チャート4—❸
明確なトレンドには弱いストキャスティクス

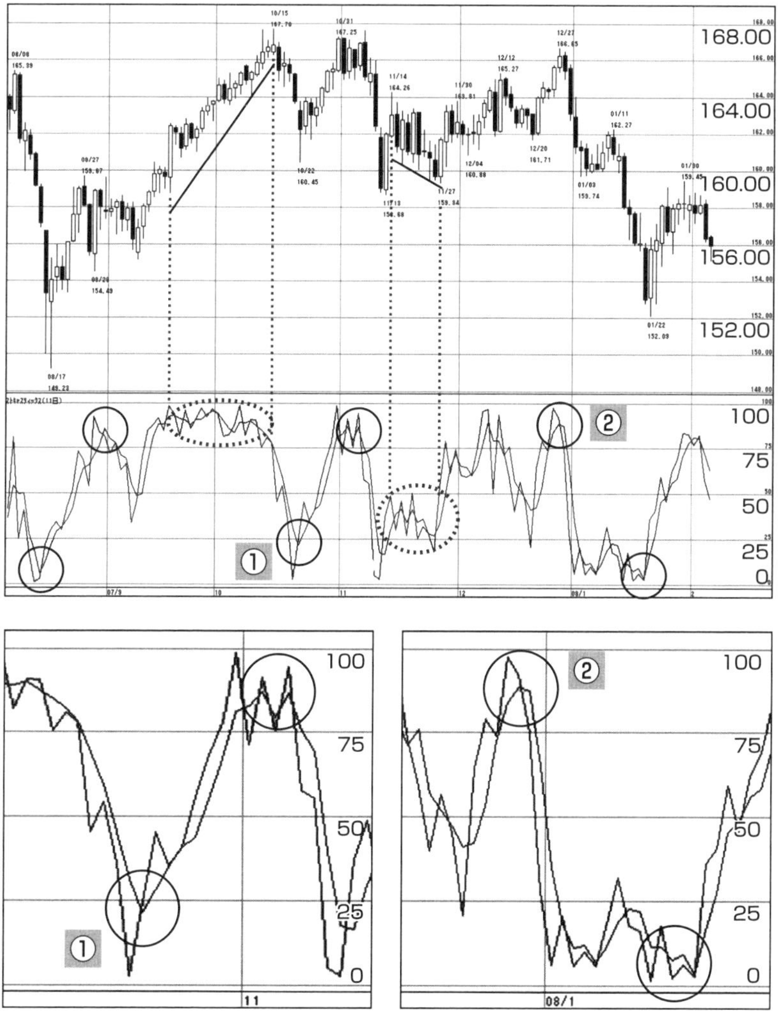

| ユーロ／円 | 日足 | 2007.08～2008.02

チャート提供：ドリームバイザー・ドット・コム

く分からない。これもＲＳＩのときと同じで、トレンドがより強く出ている場面では機能不全に陥りやすいのだ。

その意味で、このストキャスティクスも、あくまで補完的なツールとして使う、付き合うのが賢明といえるだろう。

●相場の変動幅が大きいときに有効に機能するMACD

ＭＡＣＤ（通称＝マックディー）は、実のところ移動平均線を使った分析手法の応用であり、もともとはトレンド系の指標として売買シグナルを得ることに目的があったようだ。

しかし、使い方によっては逆張りシグナルを発生させるオシレーター系指標の１つとしても十分に役に立ち、優れて応用範囲の広い分析指標であるとされている。

この手法は、計算期間の異なる２本の移動平均線の価格差の伸縮に注目し、その動きによってトレンドの方向性や基調転換の兆候を見出そうというもの。

考案者のオリジナルでは、12日間の指数平滑移動平均と26日間の指数平滑移動平均の差がＭＡＣＤで、このＭＡＣＤの９日間の指数平滑移動平均をシグナルラインとしている。

指数平滑移動平均とは、ごく簡単に言えば、単純移動平均よりも現在に近い価格に高い比重が置かれるように計算したものだ。

周知のとおり、相場が上昇または下降トレンドを形成するとき、そのベクトルに追随して、まずは短期の移動平均線（短期線）が動き、それに遅れて長期の移動平均線（長期線）が追随を始める。その結果、短期線と長期線の間には自ずと価格差が生じ、互いの感応度の違いによって価格差は拡大する。

大雑把に言うと、短期線が長期線よりも上にあるときＭＡＣＤはプラス圏にあり、互いが交わるときＭＡＣＤは０（ゼロ）、短期線が長期線よりも下にあるときＭＡＣＤはマイナス圏で推移することとなる。

肝心な使い方だが、主な売買シグナルと考えられるのは…。

①ＭＡＣＤの向きの反転

②ＭＡＣＤとシグナルラインとの交差

③シグナルラインの向きの反転

④ＭＡＣＤと０（ゼロ）ラインとの交差

多くの場合、投資判断の現場で用いられるのは①と②で、特に①は非常に機敏な反応を示す。よって、①を使えば高値・安値に近いところで売買できる可能性があることとなるが、その信頼性においては②のほうが高いといえよう。

149ページのチャート4－❹を見ると、確かに丸印（実線）の部分ではＭＡＣＤが有効なシグナルとして機能している。また、ＭＡＣＤが０（ゼロ）ラインと交差するポイントも注目に値する。

ただ、点線で示した部分においては、あまりシグナルとしての役割を果たしているとはいえない。あえて言えば、ＭＡＣＤとシグナルラインがプラス圏にあるという意味で「少なくとも弱気の展開とは言えない」ということは分かる。

要するに、ＭＡＣＤは**相場の変動幅が大きいときには比較的有効に機能するが、ジリ高・ジリ安のトレンドが続いているようなときには、あまり有効に機能しない**ことがあるというわけだ。

●チャートをカスタマイズしてみる

ＲＳＩ、ストキャスティクス、ＭＡＣＤの他にもオシレーター系のテクニカル指標は数多くある。

いずれも、一目見て分かりやすいシグナルを発してくれるという意味では投資判断の参考になるが、俗に言う**「ダマシ」が頻繁に現れるケースもある**ということは理解しておかねばなるまい。

ダマシを少なくするためには、場合により、各指標の算出に用いるパラメータ（計算期間）を変える＝「カスタマイズする」というのも一法である。

たとえば、ＭＡＣＤのオリジナルは前述したように「12・26・９」を用いているが、それを「９・17・７」と変えることで、より適切なシグナルを発するようになることがある。

または、逆に「24・26・18」などとパラメータを大きくすると、短期の細かい変動が気にならなくなり、中期的な相場予想を行うのに

チャート4—❹
MACDはジリ高・ジリ安の相場展開には弱い

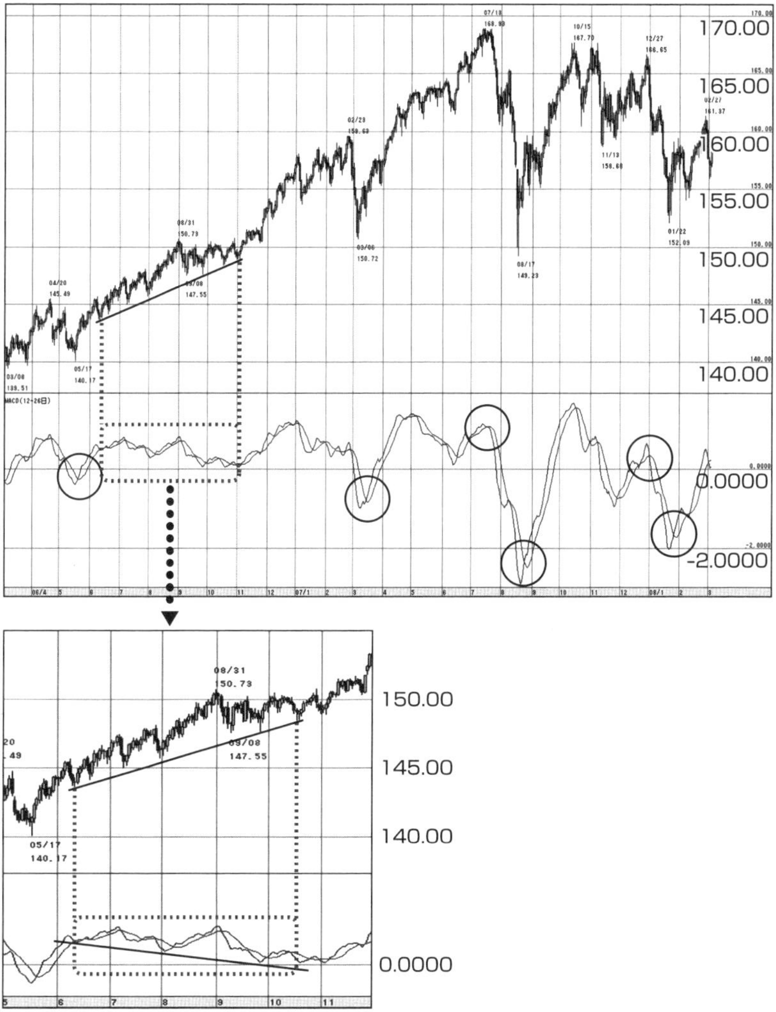

| ユーロ／円 | 日足 | 2006.03〜2008.03

チャート提供：ドリームバイザー･ドット･コム

チャート4―❺
ドル安・円高で右肩上がりになる「反転」チャート

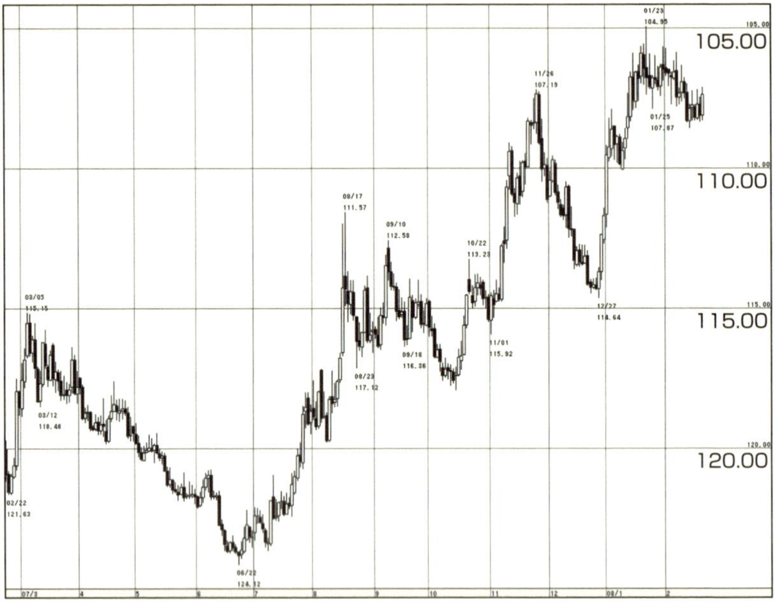

｜円／ドル｜日足｜2007.02～2008.02

チャート提供：ドリームバイザー・ドット・コム

有効となることもある。大事なことは、各々の通貨ペアと相性のいいパラメータを見出して、それを上手に使うことにあるといえるだろう。

これはカスタマイズとまでいえるかどうか分からないが、普段見ているチャートを逆さまにひっくり返して見てみるというのも一法だ。

ネット経由で提供されるチャートには、価格軸の「反転」という設定機能が備わっているケースが少なくない。もうお分かりのように、

チャート4―6
反転チャートは陰線・陽線も真逆になる！

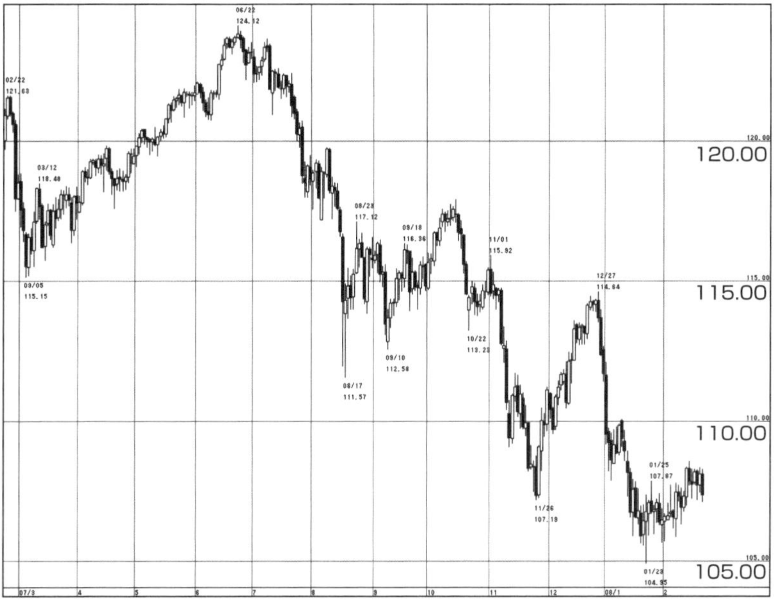

｜ドル／円｜日足｜2007.02〜2008.02

チャート提供：ドリームバイザー･ドット･コム

これは通常見ているチャートの天と地をひっくり返したものだ。

たとえば、チャート4―5は、ドル／円の日足チャート（チャート4―6）を「反転」したものである。

当然、ドル／円レートが下落する＝ドル安・円高が進むごとに、日々線が右肩上がりの形状を描く。

別に何ということはないのだが、ドル／円のショートポジションを構える（＝「売り」から取引を始めた）投資家にとっては、このほうが気分もいいのではないだろうか。やはり、気分的には右肩上がりの形状のほうが儲かる実感を得やすいだろう。

どちらかといえば、「売り方」というのは「買い方」よりも臆病になりがちであるため、ターゲットの設定が「控え目」になりやすい。その意味で、反転チャートは売り方が構える自らのポジションに自信を持たせる効果があろう。

もちろん、たまには買い方も反転チャートを眺めてみるといい。その方が、相場の天井（チャー上では底）を意識しやすくなるはずだ。

FX

第5章

Foreign Exchange

ロスカットの方法はこう考える!

01

「持っていかれない」ストップロスの水準とは

●ストップロス・ハンターに気をつけろ！

「ところで、ロスカット（＝ストップロス）の設定というのは、どのようにしたらいいのでしょうか？」――ＦＸに関連する取材を受けたり、セミナーで質疑応答の時間を設けたりしたときによく聞かれる。

う〜ん、正直言って、それが一番難しいことはお分かりだろう。

一口に言えば、「チャートポイントと思われる水準に対して、少し余裕を持たせた水準で」ということになるのだが……。

とにかく、**何より重要なのは、俗に言う「ストップロス・ハンティング」に遭わないようにすること**である。

このストップロス・ハンティングは、相場がトレンドとは一時的に逆の動きをするが、すぐに元のトレンドに戻ったときに発生している（後で考えれば……）ことが多い。

たとえば、基本的にドル高・円安トレンドが続いているとき、当然、多くの投資家はドル／円の「買い」から入り、万一のために買いを入れた水準よりも少し下にストップロス（＝売り）注文を入れる。

ストップロス・ハンターは、このストップロス（＝売り）注文に買いをぶつけにいき、再び元のトレンドに戻ったときにサヤを取ろうと企てるのだ。

ストップロスを入れた投資家にとってみれば、まさに「持っていかれた〜」ということになり、自らのストップロス注文が当面の安値（あるいは高値）になったりすることが少なくないから悔しい。

●どの水準にストップロスを置くべきか

具体的な事例で見てみよう。

157ページのチャート5－❶は、07年6月22日にドル／円が高値を付けて、後に急反落した場面であり、本書では何度か登場している。

当時のドル／円は長らく、一定の上昇チャネルを形成しており、チャネル下限近辺で買い、チャネル上限近辺で売るという売買を繰り返せば何度も利益を手にするチャンスがあった。

124.12円の高値を付けたときも、ドル／円はチャネル下限に向かって反落したが、それまでと同じようにチャネル下限で下げ止まって再び反発した。

7月2日に安値を付けた2日後、もう安心だろうと思って122.50円で「買い」を入れたとする。もちろん、想定されるターゲットはチャネル上限である。

さて、このときストップロスは、一体どの水準に置くべきか？

結論を急ぐと……このときストップロスを置くのに適当な水準は、損失を最小限に抑える（最も高い水準を考える）なら、121.70円前後ということになるのではないだろうか。

言うまでもなく、**チャネル下限と同水準にストップロスを置くなどということはあり得ない**。

ならば、キリのいい122.00円でも良さそうなものだが…**キリのいい水準というのは、多くの投資家にとって「心理的節目」となりやすく、ゆえにその水準までは到達しやすい**。

つまり、122.00円にストップロスを置くと、そこまでレートが下がってきて、ストップロスが執行されたと思ったが最後、再び元のトレンドに戻る（＝122.00円が当面の安値になる）ということになりがちなのだ。

だから、少し余裕を持って30銭ほど下の121.70円にストップロスを置く。なぜなら、さしものストップロス・ハンターも、そこまでは取りに来ることができないからだ。

121.70円では、すでにチャネル下限よりもだいぶ下方に下がってきてしまっていて、その時点ではチャネル下限がむしろ上値抵抗線にとって代わろうとするだろう。

チャート5—❶ チャネル下限のロスカットポイントは正しいか？

｜ドル／円｜日足｜2007.04~2007.07

チャート提供：ドリームバイザー･ドット･コム

チャート5—2
チャネル下限が上値抵抗線として機能してしまった

｜ドル／円｜日足｜2007.05～2007.08

チャート提供：ドリームバイザー・ドット・コム

多くの投資家もトレンドは転換したと考えるようになるため、もはや元のトレンドに戻るのは困難だ。

チャート5－❷は、5－❶から続く値動きを表示している。

案の定、チャネル下限を下抜けたドル／円レートは、後に何度もリターンムーブの動きを示してレンジ内のもみあいを続けるが、結局はレンジを下抜けて、その後、一気に下げ足を早めることとなった。

チャート5—3
反転上昇時のストップロス水準をどう考えるか？

｜ドル／円｜日足｜2007.05〜2007.08

チャート提供：ドリームバイザー・ドット・コム

●チャートポイントや節目より少し余裕を持たせた水準へ

もう１つ具体的な事例を見ておこう。

チャート5－3は、ドル／円が07年６月22日に高値を付けたあと、下落に転じたときの日々線の動きである。

同年７月に入って一度、リターンムーブが見られるも、その後は一気に下げ足を早めて118円割れを試す展開へ……。

８月６日には一時、117円台前半まで下押したが、その日は大きな陽線を描き、同日の高値近辺で比較的力強く引けた。

実のところ、同年３月５日の安値＝115.15円から、６月22日高値＝124.12円までの上昇幅に対して76.4％押しの水準は117.26円。８月６日には同水準を下回らずに引けたことから、そこが目先の転換点と考えて118.20円で「買い」を入れたとする。

さて、このときのストップロスは、一体どの水準に置くべきか？

まず意識されるのは、８月６日安値＝117.17円である。

ただ、そこまで下押した場合には、やはり心理的節目となる117円ちょうどを試すこともあろう。

つまり、117.17円や117円ちょうどのところにストップロスを置くと、やはり「持っていかれる」可能性があるわけだ。

よって、今度も117円ちょうどよりも30銭ほど下の116.70円に置くこととする。

結果的には、チャート❺－❹に見るように、８月８日に119.79円の高値を付けており、同水準は６月22日高値から８月６日安値までの下落幅の38.2％戻しの水準に近いことから、ここでいったん、利益確定していくという手もあった。

仮に、そこで利益確定できなかったとすると……その後、相場は再び反転下落し、８月15日にはストップロスが実行されることとなる。

チャート5—4
節目のストップロスは「持っていかれる」可能性も……

｜ドル／円｜日足｜2007.07〜2007.09

チャート提供：ドリームバイザー・ドット・コム

これで翌日以降、再びストップロス水準を上抜けてグングン上昇していったら、それこそ目も当てられない。

結果、ストップロスは「失敗だった（＝もっと下方にストップロスを置けばよかった）」ということになってしまうのだが……。

その後、10月に入るまではストップロスを置いた水準＝116.70円を明確に（＝終値ベースで）上抜けることはなかった。

つまり、このストップロスは「正解だった」ということになろう。

同様に、８月16日、17日の両日、長い下ヒゲを伸ばして反転上昇したことを受けて114円台前半でリバウンド期待の「買い」を入れたとしよう。

ターゲットは６月22日高値から８月17日安値までの下落幅の38.2%戻し＝116.36円。ストップロスは、やはり114円ちょうどよりも30銭ほど下方の113.70円に置く。

結果、８月23日にはターゲット水準を上抜けてきたので利益が確定できたはず。

仮に、その時点で利益確定を怠ったとしても、８月29日の安値は113.84円とストップロス水準を下回らず、８月31日には再び116円台半ばまでの上昇をみたので、そこであらためて利益確定ができたはずである。

FX

第6章

Foreign Exchange

テクニカルと
ファンダメンタルズの融合

01

ファンダメンタルズだけで強いトレンドは形成しない

膠着相場ではファンダメンタルズに注目

本書では、基本的に「テクニカル分析はファンダメンタルズ分析に勝る」ということを前提に、これまでテクニカル分析の有用性や主な使い方について、いろいろと検証してきた。

確かに、中長期的な観点からすると、外国為替相場はサイクルやトレンドなどが大勢を左右していると言っていい。しかし、ときに相場というものは（ことに比較的短い期間において）、多分にファンダメンタルズ的な要素が相場を左右することもある。

もちろん、そうした場合でも、常に中長期的なサイクルやトレンドなどを念頭に置いておくべきであることは言うまでもないのだが……現実問題としてデイ・トレードやスウィング・トレードを実践する場合、あるいは一時的にも価格変動が激しくなったときに適切なロスカットを実行するケースなどにおいては、やはりファンダメンタルズ的な要素を重視せざるを得なくなることも事実だ。

もともと、本書における「テクニカル分析の勧め」の根っこには、

「一般の個人投資家がファンダメンタルズ的な要素を多角的に分析し、それに基づいて相場を展望する（並み居るプロの投資家たちに相場で打ち勝つ）には自ずと限界がある」という考え方がある。

逆に言えば、プロの投資家たち（＝なかでも、とくに比較的短期の成果を求められる大口投機家など）は、多分にファンダメンタルズ的な要素を投資判断の重要なポイントと位置付けて、ときに大勢の流れとは逆方向に大きく「仕掛ける」ことがある。

よって、ファンダメンタルズ的な要素を完全に無視するというのは少々無謀であり、できる範囲でファンダメンタルズ面からのアプローチをも試みてみるというのが「あるべき姿勢」といえるだろう。

なお、**ファンダメンタルズ的な要素が一時的にも「主役」となる場面というのは、往々にして相場が一定のレンジ内で「保ち合い」の状態を続け、膠着感が強まっているときであることが多い。**

そういった状態がいつまでも続くと、いわゆる“職業投資家”は商売にならないため、ときに各種の経済指標や要人発言などを「口実」に一気に仕掛けてくることが少なくないのだ。

逆に言えば、**強いトレンドが形成されているときは、少々目立ったファンダメンタルズ的な材料が噴出したとしても、あまり相場には影響しない**ことが多い。

もちろん、外国為替相場に影響するファンダメンタルズ的な要素と一口に言っても、それは極めて多岐にわたるものである。

各国の各種経済指標、各国の政府高官や中央銀行総裁ならびに中央銀行の各理事などの発言・講演内容、各国の政策金利発表、G７やサミットなどの国際イベント、国際紛争やテロ事件の勃発などなど……ここに挙げれば本当にキリがない。

そんなことは重々承知のうえで、あえて以下に主だったものを挙げてみることとしよう。

●株式・債券・商品の各相場との相関関係を見極める

外国為替相場が「グローバル投資家の心理を映す鏡」のようなものだとすれば、グローバル投資家の心理を揺さぶる重要な要素の１つである株式や債券、国際商品、不動産などの内外市況が外国為替相場に影響することも当然ある。

それらが互いに「相関」または「逆相関」の関係を築くことはままあり、場合によっては、**他市場の市況が外国為替相場の明日を占ううえで非常に重要な役割を担う**（ときに先行指標となり得る）ことも少なくないので要チェックだ。

＜日経平均株価＞

まずは、日本の投資家にとって最も馴染み深い日経平均株価（日経225）。この日経225とドル／円の価格変動に明確な相関が認められることはよく知られている。

チャート❻－❶は、05年３月から08年３月までの日経225とド

チャート6—❶ 不変ではないドル／円レートと日経225の連動

｜ドル／円(ローソク足)・日経平均株価(ライン)｜週足｜2005.03〜2008.03

チャート提供：ドリームバイザー・ドット・コム

ル／円の価格変動を比較したものであるが、見れば確かに高い連動性が双方に認められる。

要するに、日経225が上がるとドル／円レートも上がる……。いや、ドル／円レートが上がると日経225も上がる……。少し見方を変えれば、円安・ドル高が進むと国内の輸出企業を中心に株価が上昇しやすくなり、同時に日経225も上昇しやすくなる（その逆もある）ということなのだが……。

実際には、互いが「ニワトリとタマゴ」の関係にあり、必ずしもどちらか一方が先行するということではない。

つまり、日経225が下がったことを受けてドル／円が売り込まれるということもある（当然、その逆もある）わけだ。

これは、日経225が下がるときには、往々にしてＮＹダウが先んじて下落していることが多いということも一因。結果、グローバル投資家のリスク許容度が低下して、円売りポジションが解消される（＝円が買われてドルが売られる）ことになるわけである。

注意しなければならないのは、**より長い目で見ると常に日経225とドル／円レートが連動して動くわけではない**ということ。

近年では、05年の１月にドル／円が101円台の安値を付けてから、それ以降に正の相関が見られるようになったわけだが、それ以前の双方の間には逆相関の関係が見られる時代もあった。

いずれにしても、その時々において日経225とドル／円との間に正の相関あるいは逆相関の関係があることを確認し、そのうえで投資判断の参考とすることは有効であろう。

＜原油価格＞

クルマ社会である米国では、原油価格の動向が消費マインドの変化を通じて米景気に少なからぬ影響を与えることはよく知られている。

チャート6―❷
逆相関の関係が顕著な日経225と原油相場

｜日経平均株価(ローソク足)・WTI原油先物(ライン)｜週足｜2005.03～2008.03

チャート提供：ドリームバイザー･ドット･コム

近視眼的に見ると、やはり原油価格の上昇はドルに対する売り圧力を強めることとなり、米国ほど原油価格の動向に敏感でない日本との対比で考えれば、結果的に原油価格の高騰によってドル／円相場は弱含むことが多い。

なお、先に述べた「ドル円と日経225には正の相関関係が認められる」ということを前提に考えると、ドル／円相場が弱含む＝ドル安・

円高傾向が強まるということは、結果、日経225が弱含むという仮説も成り立つということになるはずだ。

だとすれば、「原油価格が上がると日経225が下がる（＝互いに逆相関の関係になる）」という一種の三段論法も成り立つはずなのだが……。

チャート❻－❷を見ると、なるほど、ここでは原油価格が上昇しはじめてから一定期間後に日経225は下落し、原油価格が下落しはじめてから一定期間後に日経225は上昇するという逆相関の関係を見出すことができる。

さらに言うと、もともと日経225はＮＹダウとの連動性が高いわけであるから、原油価格が上昇するとＮＹダウが下がるということにもなろう。

＜金価格＞

近年、金の国際取引価格は際立った上昇トレンドを描いている。

その主な理由は……。

①イスラム過激派によるテロ事件の頻発や、米国に「テロ支援国家」と名指しされた国々で核開発が進むとの思惑などを背景に、世界各地で「地政学リスク」が高まっている。

⇒リスクの高まりによって、昔から「ラスト・リゾート」とされるコモディティ、金の価値が再評価されている。

②新興諸国の目覚しい経済発展を背景に資源価格全般が高騰してお

チャート6—❸
「アンチダラー」の傾向が一層顕著になった金価格

｜ニューヨーク金先物（ローソク足）・ドル／円（ライン）｜週足｜2006.04〜2008.04

チャート提供：ドリームバイザー・ドット・コム

り、世界的に同時インフレの兆候が強まっている。

⇒「インフレに強い金」のイメージが投資資金を呼び込んでいる。

③世界の過剰流動性（カネ余り）が膨張し、それが国際商品市場に流れ込むことによって、多分に投機的な価格上昇が見られている。

⇒オイルマネーや年金基金、ヘッジファンドなどの大口資金が有望な運用対象として金に対する注目度を高めている。

④サブプライム住宅ローン問題などの影響で米経済の失速懸念が高まっており、米国やドルの威信が低下している。
⇒各国の外貨準備や世界の投資家が手持ちの資産をドルから金へとシフトさせている。

他にも金価格上昇の原因は多岐にわたるが……何より注意したいのは、上記のなかでいえば④であろう。

かねてより、ドルと金の価格には逆相関の関係があるといわれ、かねてより金は「アンチ・ダラー」といわれているが、その傾向は近年ますます強まっているように感じられる。

なお、米国は世界第２～３位の金産出国であるにもかかわらず、残念ながら金価格の上昇はドルの買い材料とはならない。

しかしながら、同じように**世界有数の金産出国通貨である南アフリカランドや豪ドル、NZドル、カナダドルなどは、金価格の上昇に連動する**ことも多い。それに加えて、**世界有数の金「保有国」通貨であるスイスフランも金価格との連動性は高い**といえる。

＜ユーロ＞

一方で、ドルに並ぶ第２の基軸通貨になり得るものとしてユーロの価値が見る見る高まっていることにも注目しておきたい。

すでに、国際資本市場における有価証券発行残高は「ユーロ建て」が「ドル建て」を上回っており（図⓬参照）、紙幣の流通量もユーロがドルを上回っている。

そうでなくとも、年を追うごとにユーロに参加する国の数は増加し

図⓬
世界の証券市場で猛烈な勢いで台頭を続けるユーロ

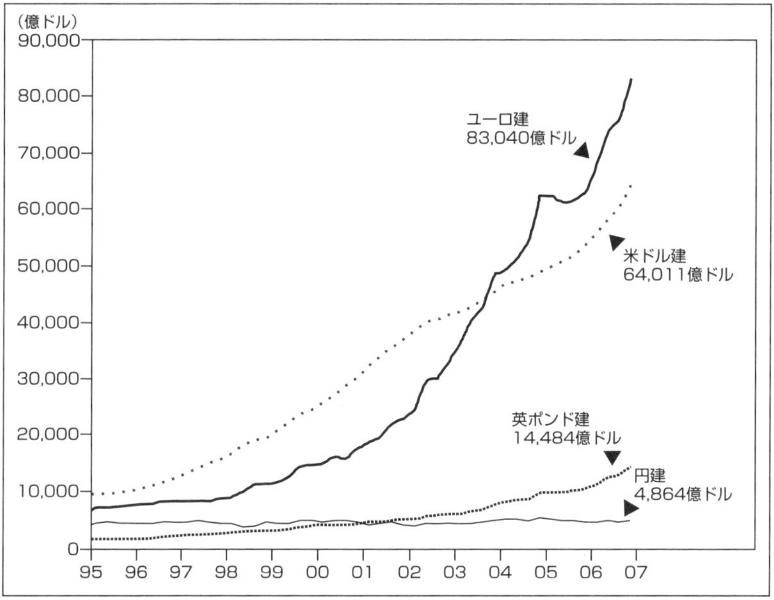

｜国際資本市場における通貨別の有価証券発行残高｜1995〜2007

【出所】国際決済銀行（BIS）

ており、今後もユーロ経済圏は拡大の一途を辿る見通し……。いまや、世界的に「ユーロの基軸通貨化」が進んでいると言っても過言ではないだろう。

そして、いまユーロは金と同じように各国の外貨準備において、その比率をグングン高めている。

結果、チャート6－❹、6－❺のように、**近年では金価格とユー**

チャート6—4
世界的に「ユーロの基軸通貨化」が進んでいる

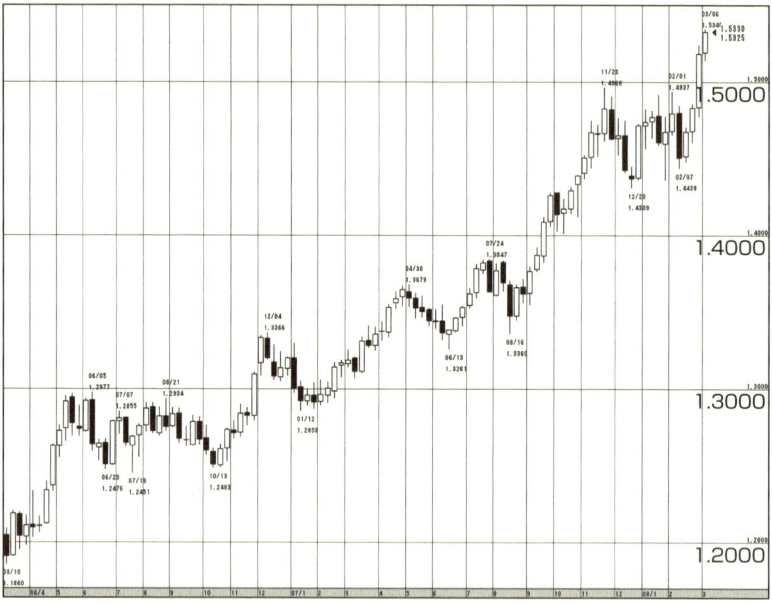

｜ユーロ／ドル｜週足｜2006.03〜2008.03

チャート提供：ドリームバイザー・ドット・コム

ロ／ドルの間には高い連動性が認められるようになっていることは見逃せない。

少々乱暴に言えば、ドルを離れた資金は金、そしてユーロに向かう……ということは、**金価格が上昇するとドルが売られてユーロは買われるので、ユーロ／ドルは値上がりする**ということになるのだ。

チャート6―5
ユーロ／ドルとNY金先物価格には強い連動性が！

｜ニューヨーク金先物価格｜週足｜2006.03～2008.03

チャート提供：ドリームバイザー・ドット・コム

●各国の政策金利の「向き」に敏感な外国為替市場

各国の政策金利の動向というものは、その国の景気の先行きを測るのに最も適した指標の１つということができるだろう。よって当然、外国為替相場の動向にも大いに影響を及ぼす。

簡単に言えば、追加的な利上げ措置が続いているときは景気も上向きの状態が続くものと予想され、追加的な利下げ措置が続いているときは景気も下向きの状態が続くものと予想される。そして、基本的に外国為替相場のトレンドは「その向き」を反映する。

外国為替相場は各国金利の絶対水準よりも、むしろ、そのベクトルに敏感であり、政策金利変更の決定・発表および今後の方針が打ち出されたときに大きく動くことも少なくない。

ちなみに、各国の中央銀行が政策金利の引き上げあるいは引き下げを判断する際には、政策金利を決定するための定期的な会合が開かれるまでに発表されたあらゆる経済指標が考慮されることから、政策金利は数ある経済指標の「総合指数」と考えることもできる。

その意味では、政策金利変更の可能性というのは、会合前に発表される各種経済指標によってある程度予想することもでき、発表されたときには「すでに相場に織り込まれていることも多い」という点にも投資家としては注意が必要だ。

投資判断を行う際には、次に開かれる各国中央銀行の金融政策決定会合において「利上げ」「据え置き」「利下げ」の決定が行われる見通しに対する市場の「織り込み度」を考慮することも肝要である。

仮に利下げ（あるいは利上げ）が実施されたとしても、それ以前の「折り込み度」が100％近くに達していれば、当然のことながら利下げ（あるいは利上げ）発表後の外国為替相場はさほど反応しない。

逆に、利上げの折り込み度合いが高かったのに、結果的に「据え置き」となったような場合は、発表後に相当な相場の変動が見られることになる。
その結果が、たとえポジティブなものであれ、ネガティブなものであれ、要は市場参加者にとっての「サプライズ」が相場変動の大きな原動力になるのだ。

なお、市場参加者のサプライズな利下げ（あるいは利上げ）が行われたとしても、それをポジティブに感じるか、ネガティブと受け止めるかは、その時々の状況による。
たとえば、米ＦＲＢが予想外の利下げを実施したとき、それが「適切かつスピーディな景気対策」などと市場参加者の目に映れば、ポジティブと評価されてドルは買われるだろう。逆に「想定していた以上に景気悪化が深刻だということがあらためて確認された」などと見られれば、ネガティブと評価されてドルは売られることになる。

さらに細かいことを言えば、単に政策金利を引き上げる、あるいは引き下げるという問題だけでなく、そのときの金利変更の「幅」が大きくものをいうことも少なくない。
たとえば、米ＦＲＢが「次のＦＯＭＣで0.50％の利下げを実施する」という見通しが市場予想の大勢を占めていた（＝それだけ市場は一段の景気悪化を警戒している）にもかかわらず、実際には0.25％の利下げに止まった場合は、ドルの居場所は大きく動く（多くの場合、ネガティブと評価されてドルは売られる）ことになる。

加えて、金利変更（または据え置き）が発表されたあとに、ＦＲＢ

議長やＥＣＢ総裁、日銀総裁などが行う記者会見の内容によって、外国為替相場が大きく動くことも少なくない。その内容は、各国の政策金利の先行きを占う重要な鍵を握っていることが多いからである。

たとえば、金利据え置きを発表したあとに行われたＥＣＢ総裁の会見内容によって、ＥＣＢが「金利政策のスタンスが中立から利下げバイアスに転じた」と市場が受け止めた場合は、当然、ユーロが売られやすくなる。

●「金利差」よりも今後の「ベクトルの向きの差」が重要

なお、近年は外国為替相場の変動を各国の「金利差」で説明するケースも多い。

たとえば、米国の中央銀行ＦＲＢは07年９月半ばまで5.25％であった政策金利（ＦＦレートの誘導目標）を08年３月末現在で2.25％にまで複数回にわたって引き下げた。

それに対して、欧州中央銀行（ＥＣＢ）が定めるユーロ圏の政策金利は4.0％で長らく据え置かれたままである。

この間に、米―欧の金利差はプラス（米＞欧）からマイナス（米＜欧）へと大逆転し、結果的にドルは売られてユーロが買われた。

米ＦＲＢが07年９月に最初の利下げを講じる前のユーロ／ドルは1.38ドル台であったが、その後、最もドル安が進んだところでは1.5ドル近くにまで達している。

このように、確かに金利差は外国為替相場を動かす「材料」の１つ

チャート6—6
金利差の伸縮が常に相場に連動するわけではない

｜ドル／ユーロ｜日足｜2007.08〜2008.02

チャート提供：ドリームバイザー･ドット･コム

となることがある。ただ、理論的に考えると金利差を埋め合わせるのに必要な外国為替レートの変動はごく僅かであり、現実的には金利差だけで価格変動を説明するのは少々苦しい……。

実際、チャート6－6はユーロ／ドルの「反転」だが、これを見ると分かるとおり、必ずしも金利差の伸縮が相場に連動しているわけではない。

この間、ＥＣＢが一貫して政策金利を4.0％に据え置いた一方、米ＦＲＢは５回連続、合計2.25％もの利下げを実施した。

その結果、確かに07年９月と10月の米利下げはドル安・ユーロ高に大きく影響した模様だが……07年12月以降の米利下げは必ずしもドル売り要因とはなっていない。

これも、やはり双方の金利が今後向かうであろう方向との兼ね合いが大きいものと思われる。

実のところ、英中央銀行のイングランド銀行（ＢＯＥ）は07年12月、08年２月と２回続けて政策金利の引き下げに踏み切っており、その連想からＥＣＢもそう遠くない将来において利下げに踏み切るとの見通しが強まっていたのだ。

つまり、**外国為替相場は双方の「金利差そのもの」よりも双方の金利が今後向かうであろう「ベクトルの向きの差」に左右される**ものと考えたほうが良いのではないかと思われる。

●軽視は禁物！　シカゴ通貨先物市場の建玉明細

外国為替相場分析を行ううえで、株式相場分析と最も大きく異なる点は「出来高」という概念、データを投資判断の参考にできないところではないかと思われる。

そのため、市場参加者のセンチメント（投資家心理）やポジショニングなどを推し量る材料の入手がなかなか難しい。

その意味では、**シカゴ・マーカンタイル取引所（ＣＭＥ）に上場している通貨先物の建玉《たてぎょく》明細が大いに参考**になる。

これは、全米商品先物取引委員会（ＣＦＴＣ）が毎週金曜日の取引終了後にその週の火曜日時点の取組内容を発表するもので、報告義務のある大口玉と非報告玉に大別されており、大口玉はさらに投機玉（ファンド玉）と商業玉（ヘッジ玉）に分かれている。

ＣＦＴＣは、この報告のほかにオプションを含めた建玉報告も発表しており、その売買に関わる大口投機家（＝ファンド）のポジショニングを知ることができるのだ。

182ページの図⓭は、05年４月以降の大口投機家による円先物建玉の増減状況とドル／円相場の推移を比較したものである。

これは大口投機家の「円買い越し額」から「円売り越し額」を引いたもので、目盛りは上に行くほどマイナス（＝売り越し額が買い越し額を上回る状態／ネットショート）が大きくなっている。

05年以降、07年６月にかけて徐々に円売りポジションが積み上がっているのは、いわゆる「円キャリー取引」が盛んに行われていたということであり、結果的にドル／円相場は大きく円安・ドル高に振れることとなった。

逆に、07年６月に円売りポジションがピークアウトしてからは、一気に円の買い戻しが進んだ模様で、最近ではむしろ買い越し額が売り越し額を上回る状態となっている。

図⑬
円売残増加で円安に振れ、円売残減少で円高に動く

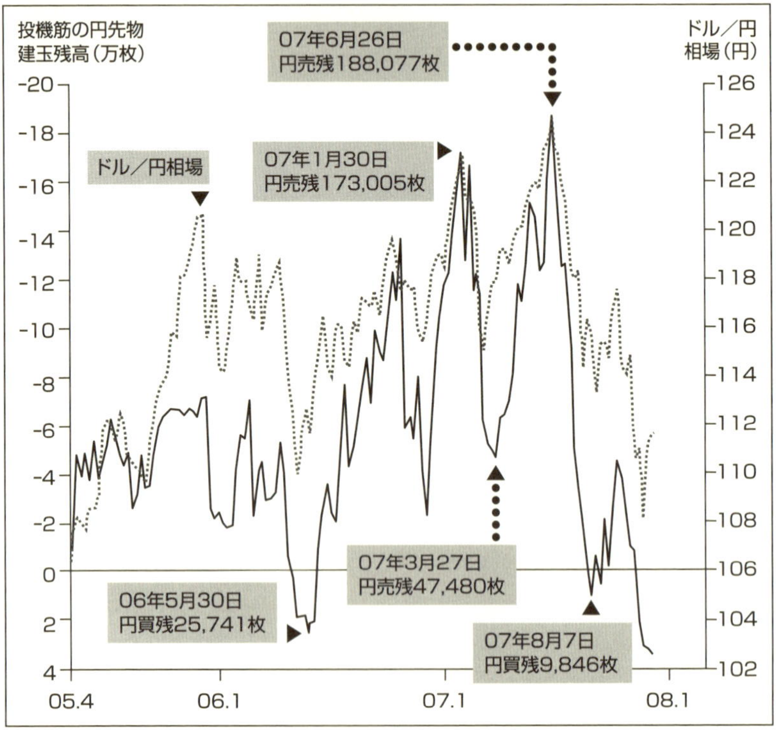

｜大口投機家の円先物建玉の増減とドル／円相場の推移｜2005.04〜2007.12

出所：米国商品先物取引委員会（CFTC）

当然、それに伴って円高・ドル安は進んだ。大口投機家＝ファンドはしばしば市場の価格を操作するほどの大きな影響力を持つため、その動向は大いに注目しておくべきだ。

なお、この投機玉は現物取引の裏付けがなく、いずれ手仕舞われる宿命にある。

つまり、**売り越しが行き過ぎると、その反動で一気に円高が進みやすくなり、逆に買い越しが行き過ぎると、その反動で一気に円安方向へと振れる可能性がある**ので要注意だ。

●経済指標が価格変動に与える影響は時代によって変化

周知のとおり、米国景気の先行きやドルの行方に対する市場心理は08年の年明けから一気に弱気に傾いた。

ことの一端は、08年の年明け１月２日のＮＹ原油先物市場で、代表的指標であるＷＴＩ（ウェスト・テキサス・インターミディエート）が急騰し、初めて１バレル＝100ドルを付けるに至ったこと。前述したように、原油価格高騰はドル売り材料になりやすい。

また、年明け１月４日の東京市場では「大発会」にもかかわらず、日経平均株価が616円もの大幅安となった。これも前述したとおり、昨今ではドル売り材料として十分なインパクトとなる。

同じ１月４日の深夜（日本時間）には（米）12月の雇用統計が発表され、非農業部門の雇用者数が前月比1.8万人増と４年ぶりの低い伸びを示したうえ、失業率が5.0％に悪化したことから、さらにドルが売られる展開となった（チャート6―❼参照）。

外国為替取引を実践している投資家にとって、**米雇用統計（ならび**

チャート6—7
原油価格急騰と米雇用統計の悪化でドルが急落！

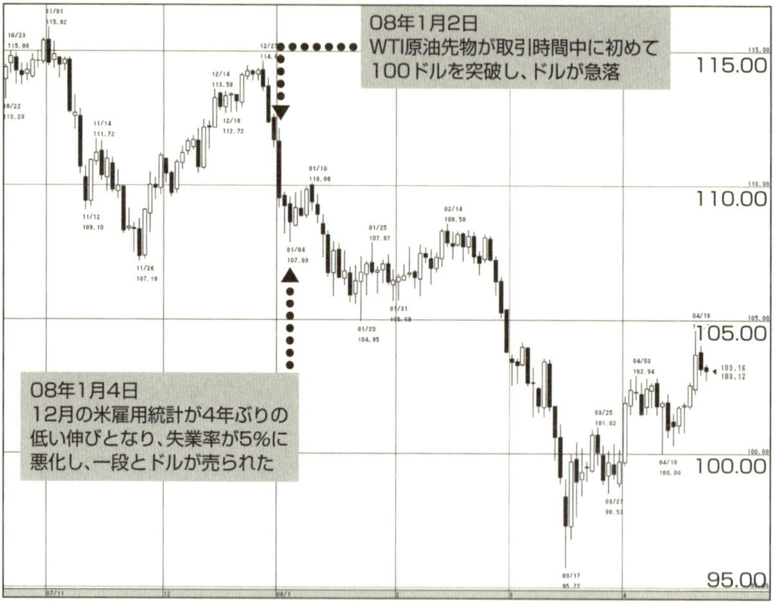

｜ドル／円｜日足｜2007.10〜2008.04

チャート提供：ドリームバイザー・ドット・コム

に失業率）の結果が外国為替相場の変動に少なからぬ影響を及ぼすというのはつとに有名。ファンダメンタルズ的な要素としては注目度ナンバーワンといっても過言ではなかろう。

図⓮を見れば明らかなように、過去の米国における景気後退期というのは、非農業部門の雇用者数がマイナスに転じ、なおかつ失業率が上昇しはじめた時点からスタートしている。

図⑭
ファンダメンタルズ要素としては注目度No.1

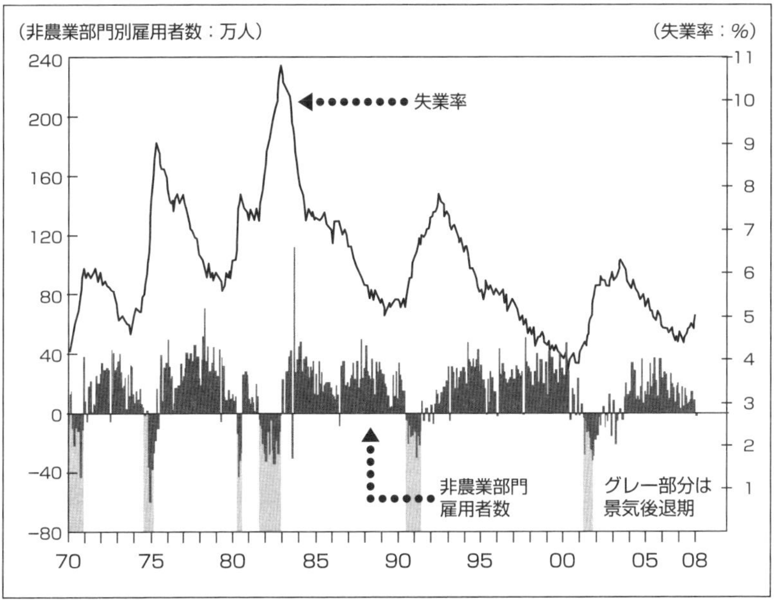

｜米国失業率と雇用統計の動向｜1970.01～2008.01

出所：米国財務省

このことから、08年の年初の状況は景気後退期に突入する兆しが強まっているといえる。

187ページのチャート❻－❽は、08年１月30日から２月11日までのドル／円の60分足（時間足）であり、とくに目立った動きが見られたときに、一体どのようなファンダメンタルズ要素が関わっていたかを示したものである。

２月１日の深夜（日本時間）には、（米）１月の雇用統計が発表となり、非農業部門の雇用者数が前月比で４年５カ月ぶりのマイナスになるというネガティブ・サプライズがドル相場を押し下げる大きな要因となった。

次に大きな変動要因となったのは、１月31日の早朝（日本時間）に発表された米ＦＲＢの利下げと、２月７日の晩（日本時間）に発表された英中央銀行の利下げ。加えて、米国の全米供給管理協会（ＩＳＭ）が発表する（米）１月のＩＳＭ製造業景気指数と、（米）１月のＩＳＭ非製造業景気指数も価格変動にインパクトを与えたことが分かる。

外国為替取引の９割が対米ドルであることを考えれば、各通貨ペアの価格変動が米国の経済指標に敏感になるのは当然のことと言わざるを得ない。

過去のデータを振り返ってみると、米雇用統計（失業率）、米欧の中央銀行（ＦＲＢ、ＥＣＢ、ＢＯＥ）による政策金利の変更、米国の製造業・非製造業の景気指数などに加えて影響度が大きいのは、対米証券投資（ＴＩＣ統計）、米貿易収支、米耐久財受注、米小売売上高、米消費者物価指数、米ＧＤＰ統計などとなろうか……。

ここで注意しておかねばならない点は２つ。

１つは、**各々の経済指標が価格変動に与えるインパクトは時とともに変化する**ということである。歴史をひもといてみれば、確か04年以前は米雇用統計よりも米貿易収支のほうがよほど大きなインパクトがあった。また、米ＧＤＰ成長率をはじめ主要国のＧＤＰ統計も以前

チャート6—❽
経済指標の発表で市場価格が一時的に乱高下した

- 米FRBが政策金利を0.50％引き下げ
- 米1月の雇用統計が4年5カ月ぶりに前月比マイナスに
- 米1月のISM非製造業景気指数が大幅悪化
- 米1月のISM製造業景気指数で生産・受注ともに伸び示す
- 英中央銀行（BOE）が0.25％の利下げ

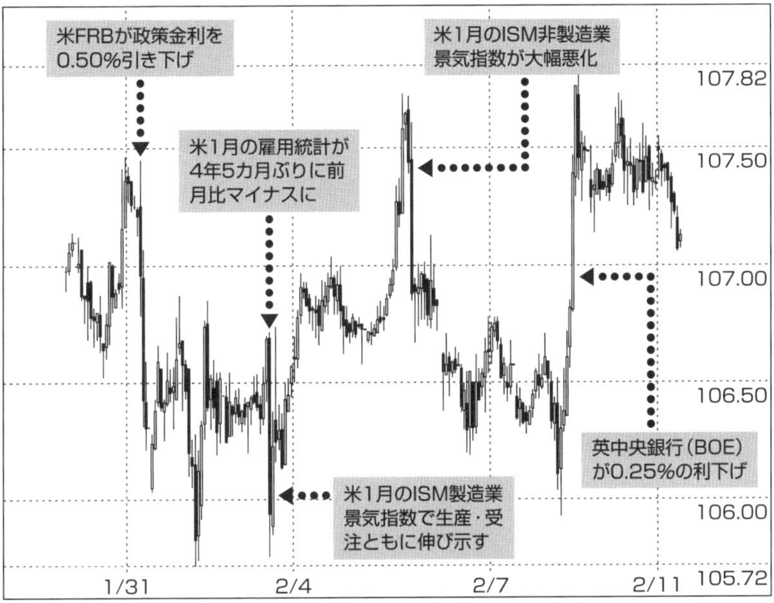

｜ドル／円｜60分足｜2008.01〜2008.02

は昨今よりも重要視されていたように思われる。

いま1つは、繰り返しになるが、**ファンダメンタルズ的な要素が相場に影響を及ぼすのは、あくまで一時的なものであることが多い**ということ。チャート6－❽を再び見てもらえば分かるように、この間に見られるドル／円レートの変動幅はせいぜい2円程度に留まっている。逆に言えば、こうしたレンジ相場が続いているからこそ、ファンダメンタルズ要因がそれなりに材料視されたわけである。

［著者紹介］

田嶋　智太郎（たじま　ともたろう）

アルフィナンツ代表取締役。経済アナリスト・FXストラテジスト。

1964年東京都生まれ。1988年慶応義塾大学卒業後、現・三菱ＵＦＪ証券勤務を経て、経済アナリストに転身。現場体験と綿密な取材活動をもとに、金融・経済全般から戦略的な企業経営、個人の資産形成まで、幅広い範囲を分析＆研究。

数多くの新聞・雑誌などに連載執筆するかたわら、新聞社や自治体、中小企業経営者団体、民間企業などが主催する講演会、セミナーで全国を年間150カ所あまりを講演して歩く、新進気鋭（神出鬼没？）のアナリスト。

ときに辛口で、ときにユーモアを交えた軽快な講演は「難しい経済を明快に斬る」ことで定評がある。

また、自身が実践するFXトレードでは、群を抜いた勝率の高さを誇り、マネーパートナーズでは『外貨投資 転ばぬ先の智慧』、東京IPOでは『一歩先行くFX』と、ウェブサイトなどでFXコラムを連載しており、投資家から高い人気と評価を得ている。

協力――――オクト・キュービック／ドリームバイザー・ドット・コム

企画・編集――――シジフォス出版

FXチャート「儲け」の方程式

2008年５月30日　初版発行
2008年10月６日　第三刷発行

著　　者――――田嶋　智太郎
装　　丁――――冨澤　崇（EBranch）
発 行 人――――藏前　康則
発 行 所――――アルケミックス株式会社
〒101-0041 東京都千代田区神田須田町1-20
電話：03（5296）8228　FAX：03（5296）7174
発 売 所――――株式会社北辰堂
〒101-0041 東京都千代田区神田須田町1-20
電話：03（5296）7175　FAX：03（5296）7174
印刷・製本――――株式会社シナノ

 ISBN978-4-89287-507-6 C0033